진지하라
하나님께

Taking God Seriously

Copyright © 2013 by J. I. Packer
Published by Crossway
a publishing ministry of Good News Publishers
Wheaton, Illinois 60187, U.S.A

This edition publishers by arrangement with Crossway through rMaeng2.
All rights reserved.

This Korean Edition Copyright © 2013 by Timothy Publishing House, Inc.,
Seoul, Republic of Korea.

이 한국어판의 저작권은 알맹2 에이전시를 통하여 Crossway와 독점 계약한 (주)도서출판 디모데에 있습니다. 신 저작권법에 의하여 한국 내에서 보호받는 저작물이므로 무단 전재와 무단 복제를 금합니다.

하나님께 진지하라

1쇄 인쇄	2013년 8월 14일
2쇄 발행	2017년 5월 15일

지은이	J. I. 패커
옮긴이	윤종석
펴낸이	고종율

펴낸곳	주)도서출판 디모데 〈파이디온선교회 출판 사역 기관〉
등록	2005년 6월 16일 제 319-2005-24호
주소	서울특별시 서초구 서초대로 141-25(방배동, 세일빌딩)
전화	마케팅실 070) 4018-4141
팩스	마케팅실 031) 902-7795
홈페이지	www.timothybook.com

값 12,000원
ISBN 978-89-388-1561-3 03230
ⓒ 주)도서출판 디모데 2013 〈Printed in Korea〉

진지하라 하나님께

제임스 패커

윤종석 옮김

차례 Taking God Seriously

머리말 —————————————————— 6

1 믿음에 진지하라 —————————————— 17

2 교리에 진지하라 —————————————— 43

3 그리스도인의 연합에 진지하라 ————————— 69

4 회개에 진지하라 —————————————— 97

5 교회에 진지하라 —————————————— 125

6 성령께 진지하라 —————————————— 155

7 세례에 진지하라 —————————————— 185

8 성만찬에 진지하라 ————————————— 215

찾아보기 —————————————————— 243

성구 찾아보기 ———————————————— 253

머리말

서구인들은 음식에 굉장히 관심이 많다. 그도 그럴 것이 텔레비전, 신문, 잡지, 도로변, 식품점 등에 널린 온갖 광고가 늘 우리 앞에 먹는 즐거움과 유혹을 생생히 들이민다. 잡지에도 요리 섹션이 따로 있고, 아예 식품과 요리만 다루는 전문지도 많이 있다. 사방의 식당마다 자신만의 특색과 특선 메뉴를 자랑하고, 패스트푸드 체인점과 커피숍이 넘쳐나며, 대형 마트는 온갖 먹거리를 잔뜩 쌓아놓고 고객 유치전을 벌인다. 그러니 우리가 식품을 너무 많이 사들였다가 결국 다 못 먹거나 상해서 버리는 것도 이상한 일은 아니다. 과식을 일삼는 것도 마찬가지고, 무분별한 간식으로 인한 비만이 현대의 큰 문제가 된 것도 마찬가지다. 우리에게 식량 공급의 어려움이란 없다.

하지만 온 세상이 그런 것은 아니다.

세계 인구의 3분의 1에 가까운 2십억 이상의 사람들이 영양실조와 만성 기아에 시달리고 있다. 그들이 사는 지역에는 식량이 항상 부족하다. 그렇다면 배고픈 그들은 항상 배고픔을 느낄까? 사실은 그렇지 않다. 우선 다들 경험으로 알다시피, 어떤 일에 깊이 몰두하다 보면 몇 시간쯤 허기를 잊게 된다. 이처럼 불행히도 인간은 기아에 익숙해질 수 있다. 늘 기준 이하인 상태에 몸이 길들여지는 것이다. 그러면 기운이 떨어지고, 식욕이 감퇴되며, 무기력이 찾아온다. 굶주린 사람은 눈빛이 흐려지고, 표정이 굳어지며, 말과 동작이 느려진다. 생활은 지속되지만 생기가 없다. 굶주림 때문에 감정마저 잃은 그들을 보면 식량 부족이 무엇을 앗아가는지 알 수 있다. 그들은 규칙적으로 충분한 식사가 필요하며, 그것도 시급히 필요하다. 그래서 문명 세계는 기아 구제를 급선무로 삼고 있다.

인간을 인간 이하로 만드는 영양실조의 원인은 비단 굶주림만이 아니다. 장기간 식단에 균형을 잃어도 똑같은 결과를 초래할 수 있다. 예컨대 단백질 부족이나 칼로리 부족이 그런 경우다. 그런가 하면 스스로 기아를 불러오는 거식증도 있다. 이렇듯 인간은 풍요 속에 살면서도 몸이 야위어질 수 있다. 비참하지 않은가? 하지만 알다시피 그게 현실이다.

영양실조에 걸린 신자들

이는 이 책을 쓰는 나의 관점을 잘 예시해준다. 세월이 갈수록 내 마음을 짓누르는 부담이 있다. 개신교나 천주교 할 것 없이 서구의 보수 교인들이 기아까지는 몰라도 심각한 영양실조에 걸려 있다는 부담이다. 이는 어느 특정한 목회 사역이 부족하기 때문인데, 그 사역은 초기 기독교의 수세기 동안에는 물론 서유럽의 종교개혁과 반종교개혁(개신교의 종교개혁에 대응하여 일어난 천주교 내부의 개혁운동—역주) 시대에도 교회 생활에서 하나의 주식(主食)이었다. 그러던 것이 근래에 이르러 다분히 폐지되고 말았다. 이 사역은 바로 **교리교육**(catechesis)이다. 그리스도인들은 진리를 따라 살도록 부름 받았는데, 교리교육은 그런 진리를 가르치는 계획적이고 질서정연한 교육이다. 아울러 실제로 그렇게 사는 방법에 대한 똑같이 계획적이고 질서정연한 교육과도 연계된다.

모든 교인에게 꼭 필요한 훈련

교리교육은 연령층에 따라 수준이 달라진다. 교리교육은 유년기부터 노년기까지 모든 교인에게 지속적으로 꼭 필요한 훈련이다. 따라서 교육의 각도와 방식과 강조점도 당연히 달라지게 마련이다. 일대일 문답식도 있고, 말로나 문건으로 일정한 내용을 제시한 뒤에 인도자의 감독 아래 그룹 토의로 넘어가는 방식도 있고, 문구와 신앙고백을 주어 암기하고 부연설명하게 하는 경우도 있다. 이렇게 방법은 다양해도 하는 일은 본질적으로 같다. 성경은 단순히 이를 가르침이라 부른다. 더 나아가 제자훈련이라 이름 붙일 수도 있다.

성경에 기초한 교리교육은 엄밀히 말해서 성경공부가 아니다. 교리교육이 성부와 성자와 성령께 대한 신앙을 북돋아주기는 하지만, 교리교육 자체는 삼위일체 하나님이나 그중 어느 한 분을 직접 대하는 훈련이 아니라 하나님의 임재 안에서 생각하는 사고 훈련이다. 교리교육이 본연의 결과를 내면 그리스도인은 자신의 믿음을 아는 사람, 묻는 이들에게 믿음을 설명할 수 있고 회의론자들에 맞서 믿음을 수호할 수 있는 사람이 된다. 또한 믿음을 삶에 적용하여 전도하고, 교회에서 교제하며, 상황에 따라 다양한 모습으로 하나님과 인간을 섬길 수 있는 사람이 된다. 양육 훈련인 교리교육은 총이나 활이나 던지는 화살의 과녁판에서 맨 중앙의 원에 해당한다. 성경공부 모임과 기도회는 바깥쪽 원들을 맞히지만, 가운데 흑점을 명중시키는 것은 바로 교리교육—가르침과 제자훈련의 지속적 과정—이다. 따라서 오늘날 대다수 교회들의 교육과정에서 연령을 불문하고 교리교육이 폐지되었다는 사실은 치명적 손실이다. 앞서 말했듯이 그래서 많은 그리스도인들이 영양실조에 걸려 영적으로 둔해졌다.

기독교의 진리와 적용

교리교육 내용의 핵심은 기독교의 정리된 진리[정통교리(orthodoxy)]를 그리스도인의 생활[순종 또는 요즘 흔히 말하는 정통실천(orthopraxy)]에 적용하도록 둘을 연결시키는 것이다. 신약의 몇몇 목회서신이 대표적인 예인데, 그중 둘만 대략 살펴보기로 하자.

하나는 바울이 로마의 그리스도인들에게 보낸 서신이고, 또 하나는 무명의 저자가 히브리인들에게 보낸 서신이다. 여기 히브리인이란 기독교 교회들의 유대인 신자들을 가리킨다. 이 두 문건에는 세 가지 공통점이 있다. ⑴ **케리그마**(*kerygma*)가 있다. 즉, 예수 그리스도를 통한 구원이 선포된다. ⑵ **가르침**이 있다. 가르침이 논리적으로 배열되어 단일한 흐름의 기본적 사고를 제시한다. ⑶ 그리하여 **교리교육**이 있다. **바른 신앙**에는 능동적 믿음을 통한 **바른 생활**이 요구됨을 보여준다. 이런 능동적 믿음은 십자가에서 죽으시고 부활하여 보좌에 앉으신 그리스도께 대한 반응이고, 그분 안에서 그분을 통해 우리의 것으로 주어졌고 또 장차 주어질 모든 것에 대한 반응이며, 이 구원과 소망을 떠받치는 성부 하나님의 여러 계획에 대한 반응이다. (골로새서, 에베소서, 베드로전서도 동일한 교리교육의 성격을 지니고 있으나 여기서 살펴볼 수는 없다.) 로마서와 히브리서에 담겨 있는 교리의 내용은 무엇이고, 대상 독자들에게 미치고자 하는 영향은 무엇인가? 그것을 살펴보면 두 서신의 취지가 교리교육에 있음이 대번 분명해진다. 물론 로마서와 히브리서는 대상 독자도 다르고(로마서는 주로 유대인이 아닌 회심자들에게, 히브리서는 주로 유대인 신자들에게 쓴 것이다), 저자의 **문체**도 다르고, 독자들이 처해 있던 상황도 다르다. 그럼에도 두 서신 모두에 다음과 같은 본질적이고 기본적인 **가르침**이 제시되면서 서로 보완을 이룬다.

두 가지 긍정적 요점

1. 구원을 주시는 예수 그리스도 안에서 그분을 통해 하나님이 계시된다. 두 저자 모두 그리스도에 대해 권위 있게 말하고 있다.

예수 그리스도는 하나님의 아들이시다. 삼위일체의 연합 안에서 별개의 신격이시며, 아버지와 동일하게 예배 받으실 분이다(롬 1:4, 9:5, 히 1:1-14).

하나님의 아들이신 예수 그리스도는 성육신하셨다. 완전한 신격이시자 완전한 인격이시다. 아버지께서 죄인들을 구원하시고자 사랑으로 그분을 세상에 보내셨다(롬 1:3-7, 16:25-27, 히 2:5-18).

예수 그리스도는 아버지의 뜻대로 자신의 목숨을 속죄 제물로 주셨고, 하나님의 능력으로 죽음에서 부활하여 지금도 살아 계셔서 통치하신다. 또 장차 재림하여 최후의 심판을 행하시고, 모든 죄와 악으로부터 우리의 구원을 완성하실 것이다. 죄인들은 중보자 예수 그리스도를 통해 하나님과 화목해지고, 하나님의 칭의와 용서를 받으며, 영원히 하나님께 나아갈 수 있다. 그리스도께서 먼저 다가오셨기에 그들은 하나님의 가족으로 입양되고, 그리스도와 함께 상속자가 되며, 그분의 영원한 사랑을 보장받는다(롬 2:5-16, 3:21-5:21, 8:15-23, 31-39, 히 2:10-18, 8:1-10:23, 12:5-11, 22-24).

예수 그리스도는 보좌에 앉으신 주님이시다. 그리스도인들은 평생 그분을 예배하고, 부르고, 섬기고, 그분의 도움을 신뢰해야 한다(롬 10:8-13, 13:14, 14:17-18, 히 4:14-16, 12:1-3, 13:7-15).

예수 그리스도는 신자들에게 자신의 부활 생명을 주신다. 이것은 그들이 믿음으로 말미암아 그분과 연합함으로써 이루어진다. 지각과 실천에서 온전히 그리스도를 닮아가는 이런 지속적 변화는 성령을 통해 성취되며, 세례로 표현된다(롬 6:1-7:6, 히 8:10-12, 10:16-17).

2. 구원의 수혜자가 되려면 죄인들에게 반응이 요구된다. 두 저자 모두 그들에게 목회 지도를 베풀고 있다.

믿음이 요구된다. **믿음**은 신약성경의 전문 용어다. 믿음이란 하나님을 전심으로 받아들이고 신뢰하며 그분께 순종한다는 뜻이다. 믿음의 대상은 세 가지로 확장된다. 첫째는 하나님의 말씀이다. 이는 구약의 가르침과 사도적 저자들의 가르침을 가리킨다. 둘째는 하나님의 확실한 약속들이다. 셋째는 인격이신 하나님의 아들이다. 믿음은 인정(認定) 더하기 헌신, 확신 더하기 충성, 신앙 더하기 제자도다. 믿음이 생기려면 복음을 **이해해야** 하고, 이해하려면 복음을 **배워야** 하고, 배우려면 복음이 **가르쳐져야** 한다(롬 1:16-17, 4:1-5:11, 10:5-17, 14:1-4, 20-23, 히 2:1-4, 3:1-6, 4:14-16, 5:11-6:12, 10:19-12:2).

회개가 요구된다. 믿음의 한 요소인 회개는 자기중심적으로 죄를 일삼던 이전의 습관과 행동을 뉘우치고 그리스도께로 돌아서서, 그분께 순종하는 충실한 제자가 되는 것이다. 회개를 실천하고 거룩함을 추구하는 일은 평생에 걸쳐 계속된다(롬 2:4, 6:12-23, 13:12-14, 히 6:1-6, 12:1-4, 14-17).

소망이 요구된다. 소망은 **인내**를 불러일으킨다. 둘 다 행동하는 믿음의 한 요소다. 소망은 장차 좋은 일이 있으리라는 하나님의 확실한 보장이고, 인내는 소망을 버리고 싶은 유혹과 충동 앞에서도 하나님이 주신 소망을 굳게 붙드는 일이다(롬 5:1-5, 8:23-25, 15:4-13, 히 3:6, 6:11-20, 10:23, 11:13-16).

사랑이 요구된다. 사랑의 대상은 하나님, 동료 신자, 일반 이웃이다. 하나님을 사랑한다는 것은 은혜에 감사해서 그분의 뜻을 충실히 수행하여 그분을 기쁘시게 한다는 뜻이다. 동료 신자들을 사랑한다는 것은 그들을 그리스도인의 교제권 안으로 환영하고 그 환영을 지속한다는 뜻이다. 아울러 거기서 그들의 영적·육적 필요를 채워 주고, 제자도를 격려하며, 그들의 앞길에 함부로 걸림돌을 두지 않도록 조심하는 것이다. 이웃을 사랑한다는 것은 대상이 누구든 관계없이 친절과 도움을 베풀고, 선을 행하고, 자원을 나누고, 모든 종류의 복수와 앙갚음을 지속적으로 버린다는 뜻이다(롬 8:28, 12:6-13, 13:8-10, 14:13-22, 히 10:24-25, 13:1-5, 15-16).

하나님의 교회를 이루는 벽돌

이상 두 가지 긍정적 요점은 로마서와 히브리서가 신자 개개인의 제자훈련을 위해 내놓는 교리교육의 기본이다. 신자 개개인은 하나님의 교회를 이루는 인간 벽돌이다. 제자훈련 과정의 다음 단계는 교회와 교회 생활에 관한 교리교육이며, 이 또한 앞의 기본 내용처럼 성경에 기초한 것이다(이 부분에 대해서는 에베소서, 디모데전·후서, 디도서 등의 바울 서신이 주요 자원이라 할 수 있다).

방금 강조한 긍정적 요점이 제자훈련 메시지의 골자인데, 여기서 주목할 것이 있다. 그런 내용이 다분히 독자들의 잘못을 바로잡아주는—명시적으로가 아니라면 암시적으로라도—정황에서 제시된다는 점이다. 다시 말해서 두 서신은 독자들의 과오, 오해, 미진한 부분을 들추어내 도려내고 있다. 이처럼 "그것이 아니라 이것"이라는 의미로 정신적 땅을 개간하는 일이야말로 교리교육 과정의 일부다. 교육자들이 알다시피 어떤 개념의 참 의미는 그것이 의미하지 않는 바와 대조될 때 더욱 명료하고 또렷해진다. 흰색이 검은 바탕에서 더 하얘 보이고 검은색이 흰 바탕에서 더 검어 보이는 것과 같은 이치다. 따라서 성경의 가르침이 그러하다면, 제대로 된 교리교육(가르침과 제자훈련)에도 긍정적 추론뿐만 아니라 부정적 추론까지 함께 명기할 필요가 있다. 그래야 이해와 적용이 둘 다 최대한 명확해질 수 있다.

모든 기독교 신자들을 위한 영의 양식

본래 서문의 역할이란 독자들에게 책의 목표와 범위를 미리 간략히 밝히는 것이다. 책의 주파수를 알린다고도 할 수 있다. 이 서문도 그런 역할을 했기를 바란다. 이 책의 각 장은 성인 교리교육을 위한 시도로서, 오늘날 도전받고 있는 몇 가지 핵심 진리에 대해 사고력과 판단력을 길러주기 위한 것이다. 본래 4개월 간격으로 각기 따로 준비된 것이라 모두 합해놓으니 약간의 반복이 불가피했다. 그 점 양해를 구한다.

이 책은 내가 속한 성공회 교단의 정황에서 최근의 추세에 대응하고자 긴박감을 가지고 쓴 것이다. 하지만 성공회에 속하지 않은 독자들도 각자의 교단에서 동일한 추세를 많이 볼 것이므로, 그들의 상황과 도전과 관심사에도 내용이 적절히 들어맞을 수 있다. 동료 성공회 교인들을 성숙한 믿음에 이르도록 돕고자 쓴 책이긴 하지만, 이런 필요나 목표는 결코 배타적이지 않다. 제시되는 예들도 내가 성공회에서 경험한 것이지만, 나는 성공회 교인이기 이전에 복음주의자다. 그래서 모든 복음주의자에게—앞으로 복음주의자가 될 사람들과 되어야 할 사람들에게도—유익이 되도록 쓰고자 했다. 각 장 끝의 질문들도 성공회의 관점에서 나온 것이지만, 진지하게 헌신한 그리스도인이라면 교단과 관계없이 누구에게나 이 질문들이 묵상과 토의에 도움이 되리라 믿는다.

그래서 나는 하나님이 이 책을 통하여 (1) 생각하는 그리스도인들의 믿음의 기초를 더욱 견고하고 명쾌하게 해주시고 (2) 우리 중 수많은 사람들을 깨워 신학적·영적 영양실조 때문에 둔해진 상태에서 벗어나게 해주시며 (3) 주님과 사도들이 주신 진군 명령을 우리 모두의 마음에 새기게 해주시기를 위해 기도한다. 주님과 사도들이 명한 대로 우리는 먼저 제자가 되어야 하며, 나아가 자신이 있는 자리에서부터 시작하여 세상 모든 곳에서 제자를 삼아야 한다. 이것은 그리스도인들에게 맡겨진 진지한 직무다. 하나님이여, 우리가 이 일에 진지하게 힘쓰게 하소서.

1
믿음에 진지하라

Taking Faith Seriously

사람이 발작을 일으키면 당장은 단기적 조치로 진정시킬 수 있지만, 장기적으로 증상의 근본 원인을 진단하여 치료할 필요가 있다. 성공회를 비롯하여 오늘날 전 세계 교회들도 마찬가지다. 성공회의 교세는 세계적으로 7천만이 넘으며, 지금도 아시아와 아프리카에서 일취월장하고 있다. 그런데 최근에 캐나다 성공회에서 동성간 결합을 인정하고 결혼처럼 축복하기로 한 결정이 널리 공표되었고, 미국에서는 염치없이 동성과 동거하는 교구 주교가 성직에 유임되기도 했다. 연못에 던진 돌멩이 하나가 전체 수면에 잔물결을 일으키듯이 이런 사건들이 전 세계 성공회에 발작을 몰고 왔다. 성공회의 "옛 서구"(영국과 북미와 호주)에 압력 단체들과 지도자 단체들이 일어나, 동성간 결합이 완전히 승인될 때까지 단호히 이 문제로 싸우고 있다. 각 관구(교구의 상위 개념-역주)와 교구와 교회의 내부에 그리고 피차간에 이 문제로 긴장이 첨예해져 끝이 보이지 않고 있다.

이런 발작의 근본 원인은 무엇이며, 그것을 극복하려면 어떻게 해야 하는가? 이 물음에 답하려면 다음 사실을 직시해야 한다. 남녀 동성애자들을 목회적으로 어떻게 보고 도울 것인가 대한 견해 충돌은 믿음에 대한 더 근본적인 불일치에서 비롯된다. 그것을 정확히 파악하고 조치를 내놓는 것이 우리의 당면 과제다.

믿음이란 무엇인가: 잘 잡히지 않는 막연한 단어

믿음에 대한 작금의 견해 차이를 이해하기란 쉽지 않다. **믿음**이란 단어 자체가 막연하게 쓰이고 있는데다 정말 사람마다 그 의미가 다르기 때문이다. 그런데 우리는 그 사실을 인식하지 못할 때가 많다. '옛 서구' 교회들이 기도와 설교와 서적과 담론을 통해 연합을 꾀하는 방식을 보면, 언제나 믿음을 모든 예배자의 공유물로만 지칭할 뿐 믿음의 내용을 정의하거나 분석하지는 않는다. 그래서 예배자들은 세월이 지나도 자기 교회가 무엇을 신봉하는지 명확한 개념조차 없을 수 있다. 신학자들은 믿음이 정통교리(믿는 진리)를 넘어 정통실천(진리대로 예배하고 봉사하며 하나님과 인간을 사랑하는 삶)까지 포괄한다고 단언한다. 적어도 이론상으로는 그렇다는 말인데, 거기까지는 맞는 말이다. 하지만 동일한 행동을 놓고 어떤 사람들은 정통교리가 그것을 용인한다고 생각하고 어떤 사람들은 불허한다고 생각한다면, 우리 삶의 기준인 진리에 대해 일치가 없는 게 분명하다. 바로 이것이 지금 우리가 살펴보아야 할 문제다.

우리의 과제를 더 복잡하게 만드는 것이 있다. 소위 삶의 한 요소인 다양한 종교(이슬람교, 힌두교, 불교, 유대교, 바하이교, 부두교, 시크교, 뉴에이지, 사이언톨로지 등)가 모든 갈래의 기독교(천주교, 정교회, 보수 개신교, 자유주의 개신교)와 함께 수많은 **믿음들**로 늘 한데 뭉뚱그려진다는 사실이다. 그러다 보니 모든 종교가 사실상 비슷해 보이게 마련이다. 교회 내에는 그렇게 생각하는 사람들이 극소수이지만, 기독교 후기의 대다수 서구인들은 실제로 종교를 그렇게 볼 것이다. 이렇듯 우리가 쓰는 **믿음**이라는 말은 개개인이 중시하고 삶의 근거로 삼는, 미래에 대한 온갖 희망을 가리킨다(예컨대 과학이 지구를 파멸에서 구할 것이다, 1929년 같은 경제 붕괴는 또 없을 것이다, 실종된 아무개가 살아서 발견될 것이다, 이런저런 암을 이겨낼 수 있다, 하늘이 무너져도 솟아날 구멍은 있다 등). 이 단어가 이렇게 넓은 의미로 쓰이게 된 것은 이전에 기독교에서 쓰던 정확한 의미가 해체되었기 때문이다. 그래서 현대 서구의 언어에서 믿음은 막연한 단어가 되었고, 늘 하나의 의미 영역에서 다른 의미 영역으로 구렁이 담 넘어가듯 애매하게 넘나든다. 그러나 신약에서 믿음은 기독교의 전문용어로 특정한 의미를 지니고 있다. 세속의 전문용어들(예컨대 컴퓨터, 배당금, 비행기, 스패너, 맹장수술, 강의 요강 등)이 특정한 의미를 지니고 있는 것과 같다. 신약이 말하는 믿음은 약 1세기 전까지만 해도 그리스도인들에게 그 특정한 의미 그대로 남아 있었다. 바로 거기로 우리는 돌아가야 한다.

사도적 저자들이 믿음을 말할 때 생각한 것은 무엇인가? 그것은 그들이 기독교 고유의 본질이라 여긴 바로 그것, 즉 신앙과 행동을 겸비하여 하나님이자 인간이신 주 그리스도께 헌신하는 것이다. 그분은 이 땅에 오셔서 죄를 위하여 죽으시고 죽음에서 부활하여 하늘로 돌아가셨고, 현재 아버지의 대리 통치자로 지명되어 우주를 다스리고 계시며, 장차 다시 오셔서 만민을 심판하시고 자기 백성을 데리고 영광 속에 들어가실 것이다. 그분의 백성은 거기서 가히 상상할 수 없는 기쁨 속에 영원히 그분과 함께 있게 된다. 이것이 처음부터 영지주의적 혼합주의자들에 맞서 가르쳐지고 변호된 "그 믿음"이다(바울과 요한이 골로새서와 요한서신에서 실제로 그 일을 하고 있다). 머잖아 그것은 여러 신경(信經) 속에 기술되었고, 그런 신경들은 입문자를 위한 교리교육의 요강이 되었다. 나중에 삼위일체의 함축적 의미가 명시된 뒤로, "그 믿음"은 지금까지 전 세계 주류 기독교의 핵심이 되었다. (믿음이 현재적 칭의를 직접 가져다주는가의 문제로 종교개혁자들이 천주교 측과 논쟁을 벌였지만, 방금 말한 모든 내용이 진정한 믿음에 포함된다는 사실만은 논쟁 당사자 중 아무도 의심하지 않았다.)

이렇듯 신약에서 믿음, 즉 믿는다는 것은 '양면적' 실체다. 그리스도 안에 자신을 계시하시는 하나님께 반응하되, 지적 반응과 관계적 반응이 공존한다. '그 믿음'을 인정하고 거기에 동의하기만 해서는 믿음이 아니다. 인간의 상상의 산물에 지나지 않는 그런 하나님이나 그리스도께 헌신하는 것도 믿음이 아니다. 기독교의 믿음을 형성하고 그 본질을 규정하는 것은 전적으로 그 믿음의 대상이다. 도장이 찍히는 자국이 이미 금형에 새겨진 문양대로인 것과 같다. 사도적 저자들의 글, 각종 신경, 성공회의 기본 의식서(39개 신조, 기도서, 강론서)에 나와 있듯이, 기독교의 믿음의 대상은 삼중으로 이루어진다. 첫째, 창조주로서 구속자가 되신 삼위일체 하나님이다. 그분은 예로부터 죄인들을 그리스도 안에서 새로운 인류로 변화시키셨고 지금도 변화시키고 계신다. 둘째, 하나님이 구주로 성육신하신 예수 그리스도 자신이다. 그분은 현재 몸으로는 우리 곁에 계시지 않지만, 성령을 통하여 강력하게 인격적으로 우리에게 임재하신다. 셋째, 예수님을 구주와 주님으로 영접하고 그분의 제자가 되는 모든 사람에게 아버지와 아들이 주시는 많은 초대와 약속과 명령과 확신이다. 이제부터 그들은 그분의 권위 아래서 그분과 교제하며 그분의 가르침대로 살아간다.

이 모든 내용이 성경에 담겨 우리 앞에 놓여 있다. 성경은 하나님이 우리의 믿음을 빚으려고 주신 계시의 책이다. 성경이 말하는 믿음이란 복음의 사실(예수 그리스도의 인격과 지위와 사역)을 알고, 복음의 규정(죄에서 해방되는 구원, 하나님과 함께하는 새로운 삶)을 받아들이고, 복음의 그리스도를 영접하는 것(자아를 부인하고, 십자가를 지며, 희생적 섬김을 통해 그분의 제자로 살고자 힘쓰는 것)이다. 하나님에 대해 성경에 계시된 사실과 진리를 믿는 것과 그런 사실과 진리가 가리키는 살아 계신 주님을 신뢰하는 것, 그것이 진정한 믿음의 "양면", 즉 지적인 면과 관계적인 면이다. 음악에서 두 성부(聲部)가 섞여 화음을 이루는 것과 같다. 믿음에 대한 이런 이해가 회복되어야 한다.

앞서 말했듯이 우리 시대에 **믿음**이라는 단어는 구렁이 담 넘어가듯 애매하게 기독교적 의미를 넘나들며, 다른 방식들의 믿음과 행동을 지칭하는 말로 쓰인다. 다른 방식들이 무엇이든 우리가 여태까지 말한 믿음과는 근본적으로 다르다. 이런 애매한 믿음은 다음 두 가지와 병행되어 나타났다. 하나는 성경의 가르침에 대한 무지가 깊어진 것이고, 또 하나는 그 가르침을 그대로 하나님의 말씀이라 부를 수 없다는 회의론이 거세진 것이다. 이 둘이 병행된 것은 서로 연관성이 있어서인가? 물론이다. 교회가 성경을 더 이상 영적 진리와 지혜의 최종 기준으로 대하지 않으면, 교회는 변화하는 세상 속에서 전통을 고수할 것인지 세상에 순응할 것인지 갈팡질팡하게 된다. 그렇게 계속 갈팡질팡하다 보면, 믿음의 진정한 내용이 무엇이고 그것을 제대로 받아들이고 실천하는 방법이 무엇인지 갈수록 더 혼미해질 수밖에 없다.

그런데 현재 성경은 여러 가지로 다르게 해석되고 있으며, 성경의 의미에 대한 학자들의 논쟁은 대개 보통 사람들로서는 이해하기 힘들다. 그렇다면 설령 성경을 기준으로 인정한다 해도, 과연 혼란과 혼미함은 줄어들 것인가? 이것은 정당한 질문이다. 여기에 답하려면 이전 어느 때보다도 성경을 더 자세히 들여다보아야 한다.

성경이란 무엇인가: 믿음과 말하는 책

요즘 대다수 교인들은 성경을 한 번도 통독한 적이 없다. 경건 훈련으로 성경을 처음부터 끝까지 읽던 기독교의 옛 습성은 사실상 사라졌다. 그래서 우리도 여기서 성경을 설명할 때 사전 지식이 없다고 간주하고 무에서부터 시작하기로 하자.

성경은 66편의 별개의 글로 이루어져 있고 약 1,500년에 걸쳐 저작되었다. 그중 마지막 27권은 한 세대 만에 기록되었으며 다음 네 가지로 구성된다. 우선 예수님에 대한 네 편의 내러티브는 복음서라 하고, 초기 기독교에 대한 기사는 사도행전이라 한다. 이어 권위 있는 스승들이 쓴 21편의 목회서신이 있고, 끝으로 주 예수께서 일부는 구술로 일부는 환상으로 친히 교회들에게 주신 경고가 나온다. 이 모든 책은 인간의 삶이 하나님의 아들을 통해, 그분 안에서, 그분과 함께, 그분 아래서, 그분으로부터, 그분을 위해 초자연적으로 혁신된다고 말한다. 십자가에서 죽으시고 영광을 얻으신 그분이 각 저자의 시야를 채우시고, 그들의 예배를 받으시며, 그들의 사고방식을 완전히 지배하신다.

이 27권의 책을 관통하는 한 가지 선언이 있다. 39권의 책으로 이루어진 기독교 이전의 성경에 나오는 모든 약속과 모형과 예고된 복을 예수께서 성취하신다는 것이다. 그 39권의 책은 주로 네 종류로 되어 있다. 우선 **역사서**에는 하나님이 유대 민족—아브라함 가문—을 부르시고 교육하여, 그분을 예배하고 섬기고 즐거워하게 하신 과정이 담겨 있다. 아울러 그분은 예수 그리스도께서 오실 때 그분을 받아들이도록 그들을 준비시키셨다. **예언서**에는 인간 메신저들이 하나님의 신탁을 받아 전한 설교들이 기록되어 있으며, 그 내용은 심판의 경고, 희망의 제시, 충성의 촉구 등이다. **시가서**는 하나님께 바치거나 하나님에 관하여 쓴 노래(시편)와 남녀간의 사랑을 예찬하는 시(아가서)로 이루어진다. 끝으로 **지혜서**는 하나님의 계시에 대한 반응으로 찬송하고, 기도하고, 생활하고, 사랑하고, 어떤 상황에도 대처하는 법을 보여준다.

그리스도인들은 이 두 선집을 각각 옛 약속(구약)과 새 약속(신약)이라 부른다. 여기 약속이란 하나님의 언약적 헌신을 뜻한다. 자기 백성을 향한 하나님의 언약적 헌신에는 두 가지 버전이 있다. 그것이 바울과 히브리서 저자와 예수님 자신의 가르침에 기초한 그리스도인들의 인식이다. 첫 번째 버전은 아브라함부터 예수님에까지 이르며, 한시적 성격과 수많은 제약이 전반적 특징이다. 거대한 콘크리트 기초 위에 판자로 지은 가건물과 다르지 않다. 두 번째 버전은 그리스도의 초림부터 재림에까지 이르며, 원래 기초를 놓을 때 의도했던 본격적 규모의 웅장한 건물이다. 히브리서 저자는 예레미야의 예언대로 이 두 번째 건물을 새 언약이라 부른다. 아울러 그는 새 언약의 참 핵심이신 예수 그리스도를 통해 나타난 제사장직, 제물, 예배 처소, 약속의 범위, 미래의 소망 등이 옛 언약 때 알던 것들보다 더 우월하다고 설명한다. 그리스도인들은 그리스도를 두 언약 모두의 참 중심축과 기준점으로 이해한다. 구약은 언제나 그분을 내다보며 가리켜 보인다. 신약은 그분이 과거에 오셨고, 현재 천국에 사시며 사역하시고, 미래에 다시 오실 것을 선포한다. 우리 그리스도인들이 믿기로 이것이 참된 성경 해석의 열쇠다. 그리스도인들은 기독교가 처음 시작될 때부터 이런 입장을 고수해 왔다.

그리스도인들은 두 가지 이유에서 성경을 하나님의 말씀—성공회 신조 제20조의 표현으로 "하나님의 기록된 말씀"—이라 부른다. 첫째로, 성경의 기원이 하나님이다. 예수님과 사도들은 늘 성경을 하나님의 발언으로 대한다. 하나님이 성령을 통해 하신 발언이 인간들을 매체로 전달된 것이다. 하나님이 그들의 생각을 온전히 감화하셨으므로 그들은 시종일관 그분이 원하시는 내용만 기록했다. 그들은 그분이 의도하신 성경 전체의 본문과 특색에 그렇게 기여했다. 이렇듯 성경은 철저히 하나님의 작품이다. 성경의 이런 특성을 가리켜 영감이라 한다. 그래서 성경은 늘 그분 자신에 대한 하나님의 증언으로 읽힐 수 있고, 마땅히 그래야 한다. 다만 그것이 인간 저자들의 증언을 통해 기록되었을 뿐이다. 성경을 하나님의 말씀이라 부르는 두 번째 이유는 성경이 하나님의 사역을 하기 때문인데, 그 사역이란 바로 하나님의 생각을 우리에게 계시하는 일이다. 성령께서 우리에게 성경 본문의 내용을 깨닫게 하시고, 그리하여 "그리스도 예수 안에 있는 믿음으로 말미암아 구원에 이르는 지혜가 있게" 하신다(딤후 3:14-17 참조). 이렇게 하나님과 그분의 은혜와 예수님에 대한 지식을 전달하는 특성을 성경의 **매개성**이라 한다. 당신의 말은 형식상으로는 당신의 입에서 나오는 발언이고, 내용상으로는 당신의 사고의 표현이자 전달이다. 하나님의 말씀인 성경도 그와 마찬가지다. 형식상으로는 백만 개도 넘는 단어가 함께 꿰어져 있고, 내용상으로는 우리를 향한 하나님의 자기계시다. 무궁무진한 그 계시는 그리스도 중심이며 구원을 지향한다. 성경은 하나님이 주신 것이자 또한 하나님을 주는 것이기도 하다. 그래서 성경은 기독교 신앙의 기준이다.

성경을 기준으로 보는 사상의 표현으로, 기독교는 성경을 **정경**이라 부른다. 정경에 해당하는 헬라어 단어(canon)는 길이를 재는 막대, 즉 자를 뜻한다. 어떤 사람들은 66권의 개신교 정경에 있어야 할 책이 다 들어 있는지, 없어야 할 책이 들어 있지는 않은지 의문을 품는다. 하지만 그런 의심은 부당한 것이다. 다음 세 가지를 의심할 만한 정당한 근거는 전혀 없다. (1) 구약의 정경은 예수께서 태어나시기 전에 팔레스타인에서 확정되었다. (2) 초대 교회가 제대로 보았듯이, 사도들이 썼거나 인정한 문건들은 하나님의 권위를 지니고 있으며 구약을 보완해준다. (3) 역시 초대 교회가 제대로 단언하고 해석했듯이, 구약은 기독교의 성경이며 메시아이신 예수 그리스도와 그분이 들여오신 하나님 나라와 새 생명을 예시(豫示)하는 전조다.

그런가 하면 다음과 관련하여 교회가 과오를 범했다고 우려할 만한 정당한 근거도 전혀 없다. 2-3세기에 사도를 사칭한 가짜 복음서들과 서신들과 행전들이 출현했을 때, 교회는 진정한 사도적 저작들을 식별하고 나머지는 버렸다. 어떤 이유로든 정경에 포함될 자격이 있어 보이는 문건은 정경 바깥에 존재하지 않는다. 반종교개혁 당시에 천주교는 트렌트 공의회(1546년-역주)를 열어, 기독교 이전에 존재했던 외경 12권을 정경으로 규정했다. 외경은 제롬(Jerome)이 구약의 헬라어판(칠십인역)에서 찾아내 5세기에 자신의 라틴어 역본(벌게이트역)에 포함시킨 것이다. 하지만 외경의 책들은 예수께서 아셨던 팔레스타인의 히브리어 정경에 속한 적이 없기 때문에 공의회의 결정은 과오로 규정되어야 한다. 하나님의 말씀인 정경을 구성하는 것은 성공회 신조 제6조에 열거되어 있고 모든 인쇄된 성경에 실려 있는 66권의 책뿐이다. 그 이상도 아니고 그 이하도 아니다.

하나님의 사람들이라면 누구나 동의하듯이 하나님의 말씀인 성경은 권위가 있다. 바로 하나님의 권위다! 이 말의 의미가 늘 명확히 이해되지는 않고 있지만, 주류의 이해는 다음과 같다. 권위란 통제권, 즉 통제할 권한을 뜻한다. 때로 권위는 합의를 통해 생겨난다. 정치 지도자, 군 장교, 팀장, 경찰관에게 주어지는 권위가 그렇다. 하지만 하나님의 권위는 내재적이다. 하나님은 하나님이시기 때문에 권위가 있으시고, 우리는 그분의 피조물이기 때문에 그분의 권위에 복종해야 한다. 겸손히 열린 마음으로 성경을 읽고 공부하거나 낭독과 가르침을 듣는 사람들은 하나님의 실체를 인식하게 된다. 그분은 전능하시고, 도덕적으로 완전하시며, 전적으로 장엄하신 우리의 창조주이시다. 아울러 그들은 하나님이 그분과 우리의 관계에 대해 진실을 말씀하고 계심을 알게 된다. 그뿐 아니라 하나님이 우리에게 그분을 향한 믿음과 충성, 회개와 방향 전환, 자아부인과 순종을 촉구하시다 못해 아예 명령하시는 것을 깨닫게 된다. 그 생명의 길을 그분은 우리가 지금부터 맛보기 시작하여 영원히 누리기를 원하신다. 이 모든 것의 중심은 항상 예수님의 말씀과 행적이다. 그분은 교회의 살아 계신 주님이시며, 앞서 말했듯이 성경의 기준점이다. 우리가 거듭 느끼듯이 그분은 책 속에서 튀어나와 우리의 삶 속에 들어오시고, 우리의 삶을 넘겨받아 변화시키신다. 그래서 성경은 말하는 책으로 경험된다. 성경은 스스로 말하여 우리에게 아버지와 아들을 가리켜 보이고, 두 분은 스스로 말씀하시어 우리에게 용서와 수용과 새 생명을 주신다. 하나님은 우리의 사고를 고쳐주시는 정도가 아니라 우리의 마음을 사로잡아 주 예수께 온전히 헌신된 제자가 되게 하신다. 그것이 성경의 권위다. 따라서 성경을 대할 때는 경건하고 신중한 마음, 기도하는 자세로 대해야 한다. 성경을 공부할 때도 이런저런 호기심을 채우기 위해서가 아니라 하나님께 반응하여 그분과 더 깊이 교제하기 위해서 해야 한다. 그분은 우리를 지으셨고 사랑하시고 찾으시는 분이며, 우리 주 예수 그리스도를 통해 우리에게 용서와 평안과 의롭게 될 능력을 주시는 분이다.

현대 세계는 성경에 대한 이런 접근을 사실상 전혀 모른다. 교회는 반드시 그것을 되찾고 따라야 하며, 그럴 필요성을 온 세상에 선포해야 한다.

이미 두 세기 동안 개신교계에서 성경은 근대 이전의 수많은 유산과 마찬가지로 의심의 대상이 되었다. 성경이 영적으로 편협하고, 사실관계에 오류가 있으며, 윤리적으로 시대에 뒤떨어지고, 전반적으로 비인간적 영향을 미친다는 것이다. 한때는 대부분의 서구인들이 성경의 내용을 꽤 알았고 그것을 삶의 길잡이로 삼았다. 그러나 요즘은 성경이 무엇을 가르치는지 알고 있거나 관심을 갖는 사람이 거의 없다. 가정이나 학교에서도 성경을 가르치지 않는다. 또 하나 해야 할 말은, 교회 주일학교도 성경의 유명한 이야기들은 잘 가르치지만 아이들에게 성경 전체를 알려주지 못할 때가 많다는 것이다. 그동안 교회가 성경에 대한 각종 비판과 회의에 꾸준히 설득력 있게 대응하기는 했지만, 그렇다고 우리 문화의 세속적 사고방식이 바뀌거나 우리 가운데에 있는 성경 문맹이 없어지는 것은 아니다. 성경에 대한 무지는 비참한 일이다. 그것은 결국 하나님에 대한 무지를 보장하기 때문이다. 사람들의 생각 속에 성경의 진리와 지혜를 되찾아주는 일이야말로 오늘날 교회가 해야 할 가장 시급한 과제일 것이다. 그래야 하나님과의 긍정적 관계를 누리려면 성경의 내용을 꼭 알아야 함을 사람들이 깨달을 수 있다.

하나님은 실존하시는가: 믿음과 삼위일체 하나님

앞에서 보았듯이 믿음에 진지하려면 다음 사실에 진지해야 한다. 기독교에는 일정하고 영원한 진리의 내용이 있으며, 때문에 우리는 성경을 권위 있는 하나님의 권위 있는 자기계시의 말씀으로 진지하게 대해야 한다. 요컨대 우리는 하나님을 진지하게 대하되 성경에 제시된 그분의 실체대로 대해야 한다. 지금부터 그것이 무엇인지 살펴보기로 하자.

최근에 어느 신학생이 "포스트모던 시대에 예수 그리스도는 어떤 의미가 있는가?"라는 다소 도발적인 시험 문제에 "우리가 의미를 부여하기 나름이다"라고 짤막하게 답해 A학점을 받았다고 한다. 이는 오늘날 사람들이 하나님에 대해 생각하고 말하는 방식을 정확히 대변해주는 말이다. **하나님**이라는 단어는 제멋대로 주물러 모양을 변형시키는 종이찰흙처럼 되고 말았다. 하지만 제멋대로 지어내는 하나님은 환상에 지나지 않는다. 우리는 실존하시는 하나님에 대한 진리를 알아야 한다. 우리 모두는 심판 날에 그분을 만날 것이며, 성경이 말하는 대로만 하면 지금 여기서도 그분을 만날 수 있다. 성경이 하나님에 대해 말하는 내용을 간단히 요약하면 다음과 같다.

첫째, 하나님은 **거룩하시다**. 그분은 우리와 다르게 구별되시며, 장엄하고 때로는 무서우신 분이다. 거룩함은 성경의 전문용어로 하나님의 하나님 되심을 나타낸다. 거룩함은 무한하고 영원하심, 전지전능하고 무소부재하심, 지극히 정결하고 의로우심, 자신의 목적과 약속에 지극히 충실하심, 모든 관계에서 도덕적으로 완전하심, 자비의 반대를 받아 마땅한 사람들에게 놀라운 자비를 베푸심 등을 모두 합한 특성이다. 거룩하신 하나님은 항상 위대하고 선하시므로 우리는 그분을 크게 찬송하고 경배해야 한다. 시편의 많은 시에 그것이 표현되어 있다.

둘째, 하나님은 **은혜로우시다**. **은혜**는 신약의 전문용어로 사랑스럽지 않고 겉보기에 사랑할 수 없는 대상을 사랑한다는 뜻이다. 이 사랑은 주로 사랑받는 대상 속의 뭔가가 불러일으키는 감정이 아니라 사랑받는 대상을 존귀하게 만들고 즐겁게 해주겠다는 목적과 관련된다. 그것을 위하여 이 사랑은 대가를 따지지 않고 베풀며, 곤경에 처한 사람들을 자격과 무관하게 구한다. 하나님은 새로운 인류를 구속(救贖)하셨고, 그분 자신과 함께 영원히 기쁨을 누리도록 지금도 그들을 빚고 계신다. 그 은혜의 계획이 신약성경 전체의 초점이다. 새로운 인류의 구성원은 현재의 인류—망하여 상실된 우리—가운데서 선택된다.

셋째, 하나님은 **삼위일체이시다**. 셋이 내적으로 하나라는 사실을 교회는 **삼위일체**라는 단어로 표현한다. 이는 성경에 예시된 내용을 명확히 표현하려고 만들어진 전문용어다. 신구약에 공히 단언된 대로 하나님은 오직 한 분이시다. 하지만 신약에 분명히 밝혀진 대로 하나님은 세 위격이 한 팀으로 활동하여 은혜의 사역을 수행하시고, 죄인들을 구원하시며, 교회를 세우신다. 첫째는 아버지이시다. 그분은 모든 일을 계획하셨고, 아들을 인간으로 보내 사람들을 대신하여 십자가에서 죽게 하셨으며, 그리하여 그들 앞에 놓인 심판을 면하게 하셨다. 그분은 또한 예수님을 믿는 사람들을 지금 의롭다 하시고 (즉, 용서하여 수용하시고), 자신의 가족과 상속자로 입양하신다. 둘째는 아들 예수님이시다. 그분은 성육신하신 하나님, 아버지의 종, 우리의 중보자이시다. 우리를 위하여 죽으시고 부활하셨고, 지금 우리를 위하여 통치하고 계시며, 장차 우리를 위하여 다시 오실 것이다. 우리는 구주요 주님이신 그분의 헌신된 제자가 되도록 부름 받았다.

그분은 우리가 영원히 경배할 분이시다. 셋째는 성령이시다. 그분은 창조와 섭리와 은혜에서 아버지와 아들을 대행하여 실무를 집행하신다. 성령은 우리에게 그리스도의 필요성을 보이시고, 우리를 이끌어 그리스도를 믿게 하시며, 우리를 불러 그분께 오게 하시고, 그분을 영접하는 우리를 그분과 연합시키시며, 말씀과 성례와 기도와 교제와 새로운 제자도의 삶을 통해 늘 우리를 새롭게 하시고, 그 삶 속에서 우리에게 영광스러운 천국의 행복과 기쁨을 미리 맛보게 하신다. 세 위격이 연합하여 복의 근원이실 뿐만 아니라 또한 찬송과 기도와 축도의 초점이 되신다. 신약의 저자들이 이 모든 내용을 일관되게 말하고 있다.

삼위일체는 무엇인가? 별개의 세 신이 서로 협력한다는 교리인 삼신론(三神論)이 아니다. 삼신론은 사실상 다신론의 일종이다. 삼위일체는 〈닥터 스트레인지러브〉(Dr. Strangelove)에 출연한 고(故) 피터 셀러스(Peter Sellers)처럼, 한 인격이 별개의 세 역할을 맡는다는 교리인 양태론(modalism)도 아니다. 그것은 사실상 일위신론(一位神論, unitarianism)의 일종이다. 삼위일체는 그런 게 아니다. 함축된 필연적 의미상 그것은 세 위격이 곧 하나라는 유일신의 교리다. 커피에 설탕을 넣고 저으면 그 속에 설탕이 녹아들듯이, 신약성경 전체에 삼위일체가 녹아들어 있다고 말할 수 있다. 우리의 머리로 이해할 수 없는 실체인가? 그렇다. (우리는 결국 피조물일 뿐이며, 따라서 우리의 창조주께 우리가 이해할 수 없는 면이 있다고 해서 놀라서는 안 된다.) 하나님의 세 위격 사이에 이루어지는 상호관계가 신약에 계시되어 있는 것으로 보아, 삼위일체는 명백하고 확실한 사실인가? 역시 그렇다. 비록 이해할 수 없어도 엄연히 존재한다고 단언해야 할 진리인가? 두말할 것도 없다. 그래서 우리는 삼위일체를 진정한 사도적 개념으로 받아들인다. 여태껏 그것은 교회의 전문용어인 삼위일체라는 어휘로 기술되고 수호되었다. 이 진리를 놓치지 않도록 조심하면서 이제 우리는 다음으로 넘어간다.

넷째, 하나님은 **인간 행동의 이상(理想)을 진술하시고 한계를 정하신다**. 그분의 도덕법은 십계명과 모세의 보충 자료, 예언서, 예수님의 산상수훈과 그 밖의 가르침, 신약 서신서의 윤리 부분 등에 나타나 있다. (율)법은 히브리어로 토라(torah)인데, 이 말에 함축된 뜻은 주로 공공 법률이 아니라 가정교육이다. 이 교육에는 부모의 권위와 선의, 그리고 가족을 잘되게 하려는 관심이 수반된다. 하나님의 율법에는 그분의 거룩한 뜻이 표현되어 있고, 그분의 거룩한 속성이 반영되어 있다. 여기서 우리가 꼭 깨달아야 할 것은 하나님의 율법이 피조물인 인류에게 꼭 들어맞고 인류를 충족시켜준다는 사실이다. 인간의 행복을 위한 창조주의 안내서라 할 수 있다. 율법을 무시하면 하나님을 노하시게 할 뿐 아니라 피해를 자초하는 것이다. 하나님이 우리를 지으시고 구속하신 것은 그분의 형상을 닮게 하시기 위해서다. 그분의 형상에는 이성적이고 책임감 있는 지혜와 아울러 그분을 닮은 도덕적 온전함도 포함된다. 그래서 하나님은 "내가 거룩하니 너희도 거룩할지어다"(벧전 1:15-16, 레 11:44의 인용)라고 말씀하신다. 그러려면 순종하는 자세로 하나님을 사랑하고 경배하고,

지혜로운 자세로 인간을 사랑하고 섬겨야 한다. 하나님을 기쁘시게 하는 것이 늘 우리의 목표가 되어야 한다. 율법 없이 그분과 동료 인간과 정해진 행동 기준을 무시하는 것은 언제나 죄이며, 죄를 용서받으려면 회개해야 한다. 모든 죄는 무조건 제한구역이며, 아무리 선한 뜻으로라도 악을 행하면 하나님을 기쁘시게 할 수 없다. 하나님이 나쁘게 보시고 명백히 금하신 많은 행동 양식이 성경에 기술되어 있다.

예컨대 신구약에 공히 명시되어 있는 제한 규정이 하나 있다. 우리의 성욕이 아무리 강하고 맹렬할지라도 성욕을 채우는 유일하고 바른 장은 일부일처의 결혼 관계 안이다. 부부의 성적 쾌락은 서로의 결속과 자녀의 출산 둘 다를 위해 고안된 것이다. 동성애 행동은 거기서 명확히 배제된다. 그러므로 동성애 행동에 대한 욕망도 다른 모든 죄에 대한 욕망과 마찬가지로 하나님의 능력으로 최대한 강하게 물리쳐야 한다. 사실 그리스도인이라면 누구나 종류만 달랐지 그와 비슷하게 사나운 욕망들과 평생 싸운다. 그런데 현대 서구 사회에서는 물론 현대 성공회와 기타 교단들의 일부 진영에서도 동성애 충동만큼 미화되고 선한 것으로 떠받들어지는 욕망은 거의 없다. 어떤 종류의 것이든 부적절한 성생활을 거부하는 것은 예수님의 은유를 빌려 표현하자면 당장은 손발을 찍어내거나 눈을 빼어내는 것처럼 느껴질 수 있다. 즉, 그것 없이는 살 수 없을 것만 같은 자신의 한 부분을 부정하는 것처럼 느껴질 수 있다. 하지만 거룩한 길을 가려면 우리 모두가 순례 여정에서 시시각각 밀려드는 온갖 유혹을 단호히 물리쳐야 한다. 물론 매번 유혹을 물리칠 때마다 한동안은 그런 불편한 느낌이 들 것이다. C. S. 루이스(C. S. Lewis)는 『천국과 지옥의 이혼』(*The Great Divorce*, 홍성사)에 그것을 이런 은유로 표현했다. 어떤 사람의 어깨에 정욕의 도마뱀이 달라붙어 정욕이 없으면 인생을 살아갈 가치가 없다고 끊임없이 속삭이지만, 그 사람은 도마뱀을 하나님께 맡겨 처치한 뒤로 상상할 수 없는 자유를 얻는다. 그러므로 동성애자들이 부딪히는 영적 전투는 그들만의 것이 아니다. 우리 모두가 알다시피, 죄의 욕망은 걸핏하면 특별한 경우로 가장하여 일반 원칙에 예외를 두려 한다. 역시 모두가 익히 알다시피, 속으로 잘못인 줄 알면서도 욕망을 탐하고 나면 죄책감이 우리를 짓누른다. 동성애자들을 돌보는 목회를 하려면 나머지 모든 사람을 대할 때와 마찬가지로, 각자의 고질적인 죄가 무엇이든 그것을 인식하고 물리칠 수 있는 힘을 길러주어야 한다.

성경의 하나님은 지금까지 살펴본 그런 분이시다. 제아무리 문화의 유행이나 변화가 교회를 에워싸도 그분은 늘 그 자리에 계시는 불변의 하나님이시다. 바로 그분이 우리 모두가 대면해야 할 하나님이다. 기독교 후기의 급속한 변이(變異)들이 서구 문화를 쉴 새 없이 바꾸어놓는 이 시대에, 이거야말로 우리의 믿음과 증언을 통해 강조하고 역설해야 할 사실이다. 1세기에 사도들의 증언이 이교 세계를 뒤집어놓았다. 하나님과 예수 그리스도는 그때나 지금이나 동일하시다. 기독교의 본질도 그때나 지금이나 동일하다.

무엇이 잘못되었는가: 믿음과 해체된 성경 진리

앞서 보았듯이 우리는 하나님의 권위를 바탕으로 하나님의 권위 있는 기록된 말씀을 통해 하나님의 진리를 받아들여야 한다. 그런데 믿음의 영역에서 이성이 군림하려 고집하면—이성이 독단적으로 결정을 내리려 하면—그 결과는 실로 참담하다. 우선 상대주의가 들어와 믿음과 행동의 모든 절대 기준을 허문다. 또 마치 오래된 것은 무조건 신빙성을 잃는다는 듯이 모든 오래된 교리에 대한 회의론이 들어온다. 또 다원주의가 들어온다. 이는 양립할 수 없는 것들을 나란히 수용하면서 그중 어느 것에도 온전히 헌신하지 않는 혼란스런 상태다. 또 불가지론이 들어온다. 이는 "모르겠다, 확실하지 않다, 내가 뭔데 함부로 말하겠는가, 나는 포기한다, 귀찮게 하지 말라"는 마음 상태다. 이런 온갖 잘못된 사상을 오늘날 우리 가운데서 흔히 볼 수 있다. 그것들은 교회 밖에서 활보할 뿐 아니라 교회 안에까지 기어들어 온다. 그 결과 안타깝게도 그리스도의 교회가 나약해진다.

이런 상태를 불러온 쇠퇴 과정에 사실 대부분의 서구 개신교도 동참했으며, 그 과정은 다음 두 단계로 이루어졌다. 첫째, 19세기 중엽 이후로 성경 비평, 진화론, 유토피아적 사회주의, 과학적 실용주의 등이 성경의 가르침과 기독교의 초자연주의의 많은 부분에 이의를 제기했다. 그래서 그리스도와 구원과 교회에 대한 전체 메시지가 흐려졌고, 기독교 전통의 특징이었던 명료한 교리가 점점 더 부당하고 설득력 없게 느껴졌다. 둘째, 그러다 20세기 중엽 이후로 일부

교사들이 성경의 내러티브들을 개작하여 역사적 사실성(우선 예수님의 동정녀 탄생, 몸의 부활, 승천과 같은 기적의 이야기들)을 부인했고, 그런 부분들을 교회와 그리스도인들의 내적 체험에 대한 상징적 표현으로 일축했다. 성경의 율법 조항들도 그들은 현존하는 최고 개념의 사회 정의에 따르라는 뜻으로 해석했다. 아울러 그들은 이렇게 영적 의미를 걷어내는 것만이 성경 해석의 적절한 방법이라는 생각을 퍼뜨렸다. 뻔히 예상되다시피 그 결과 기독교는 교회를 바탕으로 역사적 연속성을 지니는 하나의 신비주의로 전락했고, 하나님에 대한 초자연적 감정과 자선을 행하려는 태도만 남게 되었다. 시공 속에서 발생한 역사적 사건들은 여기에 전혀 필요가 없다. 설령 예수 그리스도가 실존하지 않았고 죄로부터 구원받는 복음이 망상에 불과한 것으로 입증된다 해도, 그런 기독교는 얼마든지 미래에까지 지속될 것 같다.

캐나다와 미국의 성공회를 비롯하여 오늘날의 교회는 다분히 그 태중에—즉 교단의 신학교들, 성직자들의 머릿속과 마음속, 간행물들, 교인들의 의식구조 속에—두 개의 종교를 품고 있다. 하나는 이 작은 책에서 밝히려는 역사적 믿음이고, 또 하나는 방금 기술한 대안 기독교다. 전자는 예컨대 역사적 『공동 기도서』에 상술되어 있으며, 1893년의 "엄숙한 선언"을 통해 캐나다에서 교회법의 지위를 부여받았다. 후자의 특색은 얼마간의 첨삭을 거쳐 캐나다의 『대안 예배서』와 1979년의 미국 기도서에 실려 있다. 엘리야가 갈멜 산에서 냉철한 선택을 요구하던 일이 생각난다. "너희가 어느 때까지 둘 사이에서 머뭇머뭇[일부 역본에는 '절름절름'] 하려느냐 여호와가 만일 하나님이면 그를 따르고 바알이 만일 하나님이면 그를 따를지니라"(왕상 18:21).

특히 성공회가 주변 문화에 다시 영향을 끼치려면, 믿음의 참 대상에 대한 옛 지혜로 단호하고 시급하게 다시 돌아가야 한다. 종교개혁에 뿌리를 둔 두 나라와 전 세계의 다른 교단들도 마찬가지다. 교단을 초월하여 믿음을 진지하게 대하는 사람들이 일치단결하여 힘써 본질로 돌아가야 한다.

연구 및 토의 질문

1. 정통교리 없는 정통실천이 가능한가? 아니라면 왜 아닌가?
2. 정통교리는 어떻게 정통실천으로 이어져야 하는가? 그렇게 될 수 있거나 없는 예들을 생각해보라.
3. 교회에 다니지 않는 사람에게 믿음의 본질을 어떻게 설명하겠는가?
4. 교회에 다니지 않는 사람에게 삼위일체라는 진리의 중요성을 어떻게 설명하겠는가?
5. 고질적인 유혹을 물리치도록 도우려면 어떤 목양과 교제가 필요한가?

6. 도덕성의 문제에서 그리스도인의 충실성을 획득하고 유지하려면 무엇이 필요한가?

7. 교회가 세상의 지혜를 따라가야 한다는 말이 사실일 수 있는가? 사실이 아니라면 어떤 면에서 그런가?

2
교리에 진지하라

Taking Doctrine Seriously

지금부터 질의응답의 형태를 빌려 깊은 곳으로 곧장 뛰어들고자 한다.

교리의 본질

첫 번째 질문은 이것이다. 교리란 무엇인가?

교리란 교회가 교회와 세상을 위해 교회 안에서 규정하고 가르치는 하나님의 계시된 진리다.

교리(doctrine)라는 단어는 가르침을 뜻하는 라틴어의 *doctrina*에서 왔다. 헬라어 신약성경에서 이에 상응하는 단어는 *didachē*이며 의미는 같다. 신약 교회는 배우는 무리의 공동체다. 물론 그중에 교사들도 있지만, 전원이 평생의 학습으로 부름 받았다. 즉, 그들은 사도들이 설명한 예수 그리스도의 기쁜 소식을 섭취하고 소화하고 실천해야 한다. 실천에는 전파도 포함된다. 제자(disciple)로 번역된 헬라어 단어는 배우는 사람이라는 뜻이다. 교회는 제자 공동체이며, 따라서 그리스도에 대해 더 많이 알고자 힘쓰는 사람들로 구성되지 않은 회중은 신약의 기준으로 교회라 하기 어렵다.

신약에 그런 회중 하나가 부각되어 나타난다. 바로 히브리서의 수신자인 히브리인들(유대인 그리스도인들)이다. 저자가 그들을 어떻게 꾸짖는지 보라. "너희가 듣는 것이 둔하므로 설명하기 어려우니라 때가 오래 되었으므로 너희가 마땅히 선생이 되었을 터인데 너희가 다시 하나님의 말씀의 초보에 대하여 누구에게서 가르침을 받아야 할 처지이니 단단한 음식은 못 먹고 젖이나 먹어야 할 자가 되었도다…단단한 음식은 장성한 자의 것이니"(히 5:11-14). 저자는 이것을 영적으로 더없이 중요한 문제로 보고 있다. 그의 단도직입적인 지적은 기억에 남을 만큼 인상적이다. 이 충실한 사역의 모본을 염두에 두면서 우리는 다음으로 넘어간다.

교리를 가르치는 통로로는 설교, 교리교육, 교육적 대화, 간행물, 시청각 기구만 있는 게 아니라 예배 형식[구두와 문건의 전례(典禮), 찬송과 노래], 각종 공의회와 종교회의의 신경과 고백과 선언문도 있다. 교리 학습이 이루어지려면 이런 부분에 주목해야 하고, 개인 및 그룹 성경공부로 이를 뒷받침해야 한다. 이런 모든 수단을 통해 그리스도인과 교회는 사도들이 초대 교회에서 그리스도의 이름으로 가르친 내용을 힘써 흡수하고 정리하고 적용한다. 이 유산에 충실한 태도야말로 건전한 교리—영적 건강을 북돋는 교리—의 특징이다. 이 유산에서 벗어나면 거짓 교리가 나온다. 거짓 교리는 성장을 방해할 뿐 아니라 최악의 경우에 영혼을 완전히 죽인다. 그러므로 기독교 교리는 진지한 일이다. 교회가 다루는 어떤 일 못지않게 진지하다.

교리를 세심하게 가르치고 배우는 일은 교리의 내용을 하나님이 계시하셨다는 사실을 전제로 한다. 교리는 단지 하나님에 대한 교회의 자체적 사상과 생각과 꿈을 모아 놓은 게 아니라, 하나님이 친히 우리에게 보이시고 말씀하신 내용을 선포한 것이다. 그 내용을 그분은 성령의 감화로 모든 시대를 위해 성경 속에 담아 두셨다. 교리는 다음 몇 가지 사실을 전제로 한다. 하나님은 우리에게 주신 언어라는 선물을 통해 우리와 소통하신다. 사실 성경의 일차적 저자는 그분이시며 인간 저자들은 그분의 능력을 입은 대행자들이다. 이 저자들은 처음부터 끝까지 성령의 지도 아래 성경을 기록했다.

현대의 서구 개신교회는 교리를 평가절하고 무시하고 있으며, 그중에서도 성공회가 두드러진다. 이것이 소위 자유주의 사상 때문임은 역사적으로 분명한 사실이다. 자유주의 사상은 성경과 세속 사상의 바른 관계를 뒤집어, 후자를 기준으로 전자를 평가하고 비판하고 수정한다. 그 반대가 아니다. 성경은 본질상 하나님이 인간 증인들과 저자들을 통해 자신을 증언하신 내용이다. 그것이 천주교, 동방정교회, 보수 개신교가 지금껏 고수하고 있는 기독교 본연의 진정한 믿음이다. 이 믿음이 교리 개념의 기초다. 교리는 철저히 성경의 가르침의 권위 아래 정리되고 전달되고 변호되어야 한다. 교리에 담긴 확실한 내용—하나님이 아시는 세상을 그분과 우리의 관계적 측면에서 기술한 내용—은(종교개혁자 장 칼뱅이 애용하던 표현을 빌려) 하나님 자신의 거룩한 입에서 나와 우리에게 온다.

교회의 규정된 교리의 총합과 핵심은 복음 자체이다. 즉, 우리의 창조주께서 우리 주 예수 그리스도를 통해 우리의 구속자가 되셨다는 기쁜 소식이다. 그런데 현대에는 복음이라는 말이 3단계의 선포로 축소되는 경향이 있다. 흔히 전도의 정황에서 그것은 다음과 같이 ABC로 제시된다.

- 모든 사람(All)은 죄를 범하여 현재 하나님의 심판 아래 있다.
- 주 예수 그리스도를 믿으라(Believe), 그러면 구원을 받을 것이다.
- 그리스도를 너의 구주와 주님으로 고백하라(Confess). 평생 헌신하여(Commit) 그분을 섬기라. (C가 두 개이니 일석이조다.)

이것이 적용적 차원에서 복음의 핵심임은 분명하다. 하지만 복음의 내용은 그 훨씬 이상이다. 신약이 말하는 복음에는 사도신경에 담긴 모든 내용이 포함된다. 즉, 창조, 아들의 성육신과 죽음과 부활과 통치와 재림, 용서받은 죄인들로 거룩한 우주교회를 만드시는 성령의 사역 등이다. 그들은 더 이상 정죄를 두려워하지 않고 천국의 영원한 기쁨을 고대하는 사람들이다. 복음은 하나님이 망가진 세상을 위해 그 속에서 성취하고 계신 은혜로운 구원 계획을 온전히 선포하는 것이자, 또한 이에 대한 적절한 반응을 온전히 예시하는 것이다. 적절한 반응이란 그리스도를 믿는 믿음과 회개, 선행, 하나님과 인간을 향한 사랑 등이며, 이 모두에 감사와 기쁜 소망이 수반된다. 구속자이신 그리스도는 죽으시고 부활하여 인간의 죄를 해결하셨고, 성령은 그리스도와 복음에 대한 전체 반응을 처음부터 끝까지 유발하신다. 성부 하나님은 그리스도와 성령의 그런 행위를 통해 자신의 목적을 이루신다. 즉, 아들을 영화롭게 하심으로써 자신을 영화롭게 하신다. 거룩하신 아들은 모든 지혜와 능력의 통로가 되셨다. 창조에 소요된 지혜와 능력이 지금 하나님의 지속적 섭리에도 소요되고 있다. 지금도 예수님은 영화롭게 된 성육신의 삶을 통해 우리에게 능동적으로 은혜를 베푸시며, 그 충만한 은혜로 사람들을 새롭게 하시고 구원하신다.

이렇듯 복음의 계시는 앞장에 말한 대로 삼위일체의 진리와 하나로 묶여 있다. 성부 하나님이 각 신자를 지으셨고 이제 구원하시는데, 그 수단은 결국 삼위일체 내의 다른 두 위격의 사역이다. 첫째이자 근본은 성자의 **중보** 사역이다. 둘째는 성자의 일을 보완하는 성령의 **적용** 사역이다. 니케아 신조의 표현으로 성령은 생명의 주님이시자 생명을 주시는 분이며, 실무 대행자로서 성부와 성자를 두 감독으로 대하신다. 2세기에 이레니우스(Irenaeus) 주교는 성자와 성령을 하나님의 두 손에 비유했는데 이는 적절한 예시였다. 우리가 알아야 할 것은 이것이다. 삼위일체이신 우리 하나님은 한 팀으로 활동하시고, 세 위격이 연합하여 함께 일하신다. 서로 온전히 협력하여 상상을 초월하는 거대한 단일 계획을 수행하신다. 그 계획이란 바로 완전히 복원된 우주에 수십억에 달하는 구속받은 인간들의 강력한 공동체를 세우시는 일이다. 그들은 저마다 창조 본연의 매우 복합적인 존재이며, 그곳의 중심은 영원토록 중보자 예수 그리스도시다. 여기서 "와!" 또는 그와 비슷한 감탄사가 나오는 게 적절한 반응이다. 다분히 병든 우리의 자아가 그렇게 영광스럽게 변화된다는 것은 우리로서는 가히 상상하거나 생각해낼 수 없는 일이다. 게다가 우리는 다분히 병든 세상 속에 살고 있다. 현재 우리가 아는 세상은 그것뿐이다.

삼위일체의 직무와 목적에 대한 이런 이해를 신약 전체에서 분명히 볼 수 있다. 여러 부분에 명시되어 있고 나머지 모든 부분에는 암시되어 있다. 엄밀히 말해서 삼위일체를 거론하거나 정의하는 말은 없지만, 삼위일체 하나님의 사역에 대한 교리가 성경에 녹아들어 있는 것만은 분명하다. 앞서 말했듯이 커피나 차에 설탕을 넣어 저은 상태와 비슷하다. 성부, 성자, 성령의 팀워크를 직접 언급하여 상대에게 삼위일체 하나님을 증언하지 않고는 복음을 성경적으로 제시할 수 없다. 삼위일체를 약화시키거나 부인하는 교리는 언제나 복음을 변질시킨다.

『기도서』(Prayer Book)에 보면 우리를 "모든 거짓 교리와 이단과 분열"에서 구해달라고 하나님께 기도하는 대목이 나온다. 여기서 우리가 알아야 할 것이 있다. 거짓 교리는 대개 삼위일체 하나님에 대한 계시된 진리를 왜곡할 때 시작된다. 지난 두 세기 동안 개신교 자유주의 진영에서 대규모로 벌어진 일이 바로 그것이다. 그 결과 사실상의 일위신론이 전반적으로 당연시되고 있다. 신학 체계가 그렇다 보니 예수 그리스도는 하나님으로 충만한 하나의 인간으로 전락되었고, 성령은 하나님이 세상에 보내신 하나의 에너지로 전락되었다. 사도들이 전한 복음은 아예 증발되었다.

교리의 필요성

두 번째 질문은 이것이다. 누구에게 교리가 필요한가?

당신에게 필요하고 나에게 필요하다. 우리 모두에게 필요하다. 하나님을 알려면 누구에게나 교리가 필요하다. 물론 대다수 사람들은 모종의 절대자가 존재함을 알고 있다. 하지만 절대자에 대한 핵심 사실들을 먼저 알지 않고는 아무도 관계적 차원에서 절대자를 알 수 없다. 즉, 우리는 하나님이 누구이시고, 어떤 분이시며, 그동안 어떤 일을 하셨고, 현재 어떤 일을 하고 계시며, 장차 어떤 일을 하실지 알아야 한다. 그것을 알려면 교리가 필요하다.

교리는 **지도**(地圖)다. 우리의 인생 여정은 한편으로 천 페이지가 넘는 성경과 다른 한편으로 복잡한 신앙생활을 통과하는 머나먼 길이다. 교리가 그 길을 안내한다. 교리는 **안경**이다. 이를 통해 우리는 디딤돌을 잘 골라 밟으며 급류와 늪지를 통과한다. 교리 덕분에 우리의 발이 생명의 길을 벗어나지 않는다. 사실 교리는 타고난 영적 시각장애를 치료하는 **수술**이다. 이것이 없이는 생명의 길이 어디서 시작되는지 절대로 찾을 수 없다. 교리는 **주 예수 그리스도에 대한**

정보다. 그분을 믿는 것이 교리 덕분에 가능해진다. 나아가 교리는 이를테면 삶의 **요리책**이 된다. 믿음과 행동에 모험이 닥쳐올 때마다 교리가 올바른 조리법을 알려 준다.

자유주의 개신교인들과 그들의 영향을 입은 사람들에게 교리가 소멸된 것은 다음과 같은 다소 혼미한 개념 때문이었다. 모든 인간에게는 타고난 본능적 종교심이 있는데, 그리스도를 따르는 일은 그 종교심의 한 형태일 뿐이고 다른 종교들에도 다른 형태들이 있다는 것이다. 자유주의는 처음부터 주류 기독교의 교리와 신앙이라는 영속적 유산에 기생했고, 늘 교회의 최첨단으로 자처했다. 그러다 보니 자유주의가 교리를 벗어나 신앙을 개작해도, 우리는 그 변질이 어느 정도인지 일일이 분별하지 못했다. 자유주의 대변자들은 실제보다 기독교적으로 들리게끔 설득력 있게 말하는 재주가 있다. 그래서 정통 그리스도인들은 자유주의 사상—우선 삼위일체, 동정녀 탄생, 객관적 속죄, 몸의 부활과 승천 등을 부인하는 사상—이 자신들을 어디로 데려갈지 보지 못한 때가 많았다. 하지만 오늘날 북미 성공회가 기독교 양육의 필수 요소인 교리교육을 거의 전적으로 무시하고 있는 현상을 보면 명백한 답이 나온다. 교리교육은 그리스도인들의 삶의 기준이 되는 기본 교리들과 그 교리대로 살아가는 데 필요한 기본 훈련들을 가르치는 작업이다. 아울러 성공회 예배에 참석하는 수많은 중산층 젊은이들이 교리적으로 교육받지 못한 상태인 것도 자유주의 사상의 영향이다. 이제 우리도 천주교가 이미 앞장서고 있는 길을 따라가야 한다. 교리교육을 회복하여 신앙의 교리들을 진지하게 가르치고 배워야 한다. 그것이 오늘날 서구 성공회의 최급 선무 중 하나다. 다른 개신교 교단들도 마찬가지다.

교리의 범위

세 번째 질문은 이것이다. 기독교 교리가 다루는 범위는 어디까지인가?

기독교 교리교육이 다루어야 할 범위는 대체로 천주교와 정교회와 개신교가 공식적으로 의견 일치를 보여 온 신앙고백의 범위로 한정되고 규정된다. 교리교육이 어떤 형태를 취하든 관계없다(교리를 가르치고 배우는 실천은 다양한 형태를 취할 수 있다). 물론 구원의 세부적 내용, 교회, 성례에 대해서는 한편으로 천주교 및 정교회와 한편으로 종교개혁 교단들 및 그 후예 사이에 일부 일치하지 않는 것이 있다. 주제의 중요성 자체에 대해서는 명확히 일치하지만 말이다. 그러나 지난 세월 하나님의 사람들이 성경에서 뽑아낸 여타 핵심 교리에 대해서는 예나 지금이나 사실상 대체로 내용이 일치한다. 이런 교리로는 삼위일체, 죄를 통한 인간의 타락과 파멸, 그리스도의 성육신과 속죄와 부활과 승천과 현재의 통치와 미래의 재림과 심판, 인격적 변화를 낳는 성령의 사역, 성령의 대행을 통한 그리스도와의 현재적 교제, 천국과 지옥의 영원한 실재 등이 있다. 복음주의 계통의 보수 그리스도인들은 이런 일치 사항들을 교리 진술에 특히 명시하고 있으며, 그들의 초교파 기관들도 거기에 기초하여 설립되었다. 이에 대해서는 토머스 오든(Thomas Oden)과 나의 공저 『우리의 신앙: 복음주의적 일치』(*Our Faith: The Evangelical Consensus*)에 설명한 바 있다.

인간이 성경을 해석하고 성경의 가르침을 체계화하려 할 때, 당연히 최종 권위는 항상 성경 자체에 있어야 한다. 역사적 교리가 성경의 권위 아래 정리되었듯이, 그 교리가 각각의 새로운 세대에 맞게 사도들의 철저한 복음을 충분히 담아내고 있는지도 성경으로 평가해야 한다. 세월이 가고 문화가 바뀌면서 고전 교리의 표현을 새롭게 다듬는 게 바람직할 수 있다. 좀더 명확히 이해하고 전달하기 위해서 말이다. 예컨대 종교개혁 정통교리의 기본이 된 4세기의 니케아 신조는 성자와 성부의 관계를 말할 때, 성자를 "출생하시되 만들어지지 않으셨고 성부와 같은 본질"이라 표현했다. 하지만 지금은 현대인들에 맞게 문구의 의미를 더 명확히 다듬을 수 있다. 4세기나 16세기에 존재하지 않았던 관계의 언어를 사용하면 된다. 영원하신 아버지께서 친아들이라 부르시고 이끄시고 높이시고 존중하시는 영원하신 인격체가 있다. 이 인격체는 끝없는 연합 속에서 단일한 신적 정체와 능력으로 영원히 아버지와 함께, 아버지를 통해, 아버지를 위해 사신다. 이렇게 말해도 똑같은 진리를 표현하는 것이다. 그러면 초월적 관계의 신비가 사라지지 않으면서도, 사람들이 아버지와 아들의 함께함이 자신의 찬양과 경건과 순종의 삶—찬송과 헌신과 제자도를 실천하는 인격적이고 그리스도 중심적인 삶—에 어떤 의미가 있는지 좀더 명확히 깨달을 수 있다.

요컨대 우리는 성경과 교회사의 교리에 의존하되, 그 엄선된 자료를 이 시대의 성인 신자들에게 맞게 흥미롭고 명쾌하고 실제적인 방식으로 표현할 수 있다. 그런 식으로 교리교육 과정의 주제별 요강을 정리해본다면 대략 다음과 같다.

성경의 권위

성경 정경은 두 가지 이유에서 독특하다. 우선 성경은 과거의 창조로부터 미래의 완성에 이르기까지 하나님의 이야기를 들려준다. 또한 성경은 전체적으로 저자가 이중이다. 성경의 모든 책은 하나님에 대해 인간이 여러 모양으로 한 증언이지만, 동시에 그분 자신에 대한 하나님의 증언이다. 그것이 그분의 선택된 필진의 말로 표현되었을 뿐이다. 성경의 **영감**(하나님이 주셨다는 말)이란 바로 그런 의미다. 따라서 성경의 가르침의 총합과 핵심은 모든 시대를 위해 계시된 진리로 간주되어야 한다. 성경의 책들은 인간적으로 말하면 지나간 문화의 산물이지만, 하나님이 변하지 않으시기 때문에 성경의 권위도 문화를 초월한다. 하나님의 말씀을 믿고 순종하는 일이야말로 항상 경건의 기본 골격이었다. 그래서 성경에 순복하는 것이 교회의 소명과 본분이고, 또한 모든 그리스도인의 소명과 본분이다. 계시된 성경 진리에 나타난 하나님의 권위가 늘 우리의 믿음과 행동을 지배하고 형성해야 한다. 해석의 경우, 성경은 암호로 되어 있지 않으며 대체로 모호하지 않다. 성경의 책들은 이해할 만하게 기록되었고,

독자들에게 하나님을 가리켜 보인다. 그 가리킴을 따라갈 마음만 있다면 누구에게나 성경 자체가 의미를 내보인다. 다만 해석은 항상 성경 전체의 메시지와 일관성을 이루어야 한다. 그래서 늘 지켜야 할 한 가지 원칙이 있다. 아무도 "성경의 한 대목을 다른 대목과 모순되게 해석해서는 안 된다"(성공회 신조 제20조).

삼위일체의 실체

이스라엘에 야훼로 알려진 창조주께서 구약 시대에 선지자들과 시편 기자들을 통해 한결같이 역설하셨듯이, 그분은 유일하신 참 하나님이시다. 앞서 말한 대로, 이를 바탕으로 그분은 신약 시대에 그리스도와 성령의 사역을 통해 자신을 삼위일체라는 팀으로 계시하셨다. 라틴어로 저술한 서구 교회의 고전 신학자 어거스틴(Augustine)이 생각하고 가르친 하나님은 하나이면서 참으로 셋인 분이시다. 반면에 헬라어로 저술한 동방정교회의 고전 신학자들인 가이사랴의 바질(Basil of Caesarea), 니사의 그레고리(Gregory of Nyssa), 나지안주스의 그레고리(Gregory of Nazianzus)—이른바 갑바도기아의 교부들—가 생각하고 가르친 하나님은 셋이면서 참으로 하나이신 분이다. 두 접근 모두 똑같이 성경과 조화를 이룬다. 그리스도인들은 그 둘을 모두 인정하고 활용해야 한다. 하나님은 **그분**이시자 **그 분들**이시다. 어떻게 그럴 수 있는지는 신비이지만, 그렇다는 것만은 성경이 증거하는 사실이다. 앞서 말했듯이 하나님은 늘 그분의(또는 그분들의!) 연합 안에서 팀으로 활동하신다. 성경에서 하나님의 한 위격만 언급된 대목을 대할 때도 늘 그 사실을 염두에 둔다면, 이는 철저히 성경적인 방식으로 성경을 읽는 것이다.

하나님의 주권

하나님이 반항하는 인류까지 포함하여 자신의 창조세계를 주관하신다는 사실은 성경적 세계관의 기본이다. 알다시피 우리는 로봇이 아니라 스스로 결정하는 이성적 존재다. 따라서 자신의 행동에 대해 사람들과 하나님께 책임을 져야 한다. 하지만 또 하나 불변의 사실이 있다. 성부, 성자, 성령께서 우리와 세상을 매순간 붙들어 존재하게 하시듯이(그렇지 않으면 인간은 물론 아무것도 존재할 수 없다), 또한 삼위일체 주님은 세상에서 벌어지는 모든 일을 주관하신다. 그분은 매사를 미리 보셨고 진정한 의미에서 미리 정하셨다. 모든 사람이 자유로이 선택하는 모든 행동도 거기에 포함된다. 이 또한 신비다. 하나님이 **어떻게** 그렇게 주관하실 수 있는지는 우리가 알 수 없지만, 그렇게 하신다는 것만은 성경적 **사실**이다. 하나님의 절대 주권에 대한 지식이 성경 전체에 확실한 사실로 제시되어 있다. 이것은 우리에게 엄청난 지지와 격려가 된다. 그분을 전적으로 신뢰할 수 있다는 뜻이기 때문이다. 하나님은 주권자이시기에 반드시 약속을 지키시고 목적을 이루신다. 자신의 사람들을 돌보시고, 이생에서 안전하게 지키시며, 마침내 집으로 데려가신다. 교회가 현재 지상에서 순례할 때나 장차 천국에서 영광을 누릴 때나, 하나님은 아들을 교회의 구주와 머리로 영화롭게 하심으로써 자신을 영화롭게 하신다. 우리는 불가피하게 하나님의 손안에 있으며 그분의 지배 아래 있다. 반항하는 사람들은 이 사실에 격노하지만, 신자들에게는 그것이 큰 기쁨을 가져다준다.

인류의 죄성

하나님은 우리 인류를 창조하셨고, 지금도 사랑으로 각 구성원을 창조하신다. 하지만 우리는 그분께 사랑을 돌려드리지 않는다. 오히려 성경에 계시된 대로 우리는 개인으로나 집단으로나 죄인이다. 불순종하고, 유죄 상태이고, 부정하고(더럽다는 뜻이다), 하나님 앞에서 영적으로 무력하다. 마땅히 사랑해야 할 하나님과 이웃을 사랑하지 않고, 마음속 밑바닥으로부터 이기적이고 자기 본위이며 자기중심적이다. 타락한 인간인 우리는 삶을 피상적으로 살아가며 겉모습을 유지하려 애쓴다. 그래서 자신의 뿌리 깊은 타락을 쉽게 인식하지 못한다. 하지만 성경의 진단에 부딪히면 아무도 그것을 부인할 수 없다. "속에서 곧 사람의 마음에서 나오는 것은 악한 생각 곧 음란과 도둑질과 살인과 간음과 탐욕과 악독과 속임과 음탕과 질투와 비방과 교만과 우매함이니 이 모든 악한 것이 다 속에서 나와서 사람을 더럽게 하느니라"(막 7:21-23). 주 예수께서 하신 말씀이다. 그분은 인간의 마음을 읽으시는 하나님이시다. 여기 열거된 증상을 읽고 나서 자신은 거기에 감염되지 않았다고 주장할 수 있는 사람이 누가 있겠는가? 우리는 구원이 필요하다. 구조, 해방, 회복, 복원이 필요하다. 그래야 새로워진 능력과 본연의 모습으로 사랑하고 섬기고 예배할 수 있다. 그 구원은 바로 하나님이 그리스도 안에서 그분을 통해 주시는 구원이다. 누구든지 그리스도를 영접하면 그 구원을 받을 수 있다. 하지만 구원의 진가를 제대로 알려면 현재 죄 가운데 있는 우리의 곤경이 얼마나 깊고 절망적인지 알아야 한다.

구주와 주님이신 예수 그리스도

"하나님이 세상을 이처럼 사랑하사 독생자를 주셨으니 이는 그를 믿는 자마다 멸망하지 않고 영생을 얻게 하려 하심이라"(요 3:16). 여기 "이처럼"이란 "이렇게 많이"라는 뜻이 아니라 "다음과 같이"라는 뜻이다. "주셨으니"라는 말은 아들의 순종과 낮아지심을 가리킨다. 그분은 신성을 잃지 않으시면서도 갈릴리 십대 소녀의 아기가 되셨고, 순회 설교자로 가난하게 사셨으며, 결국 로마의 십자가에서 인류의 속죄 제물로 희생되셨다. 성부의 경륜과 사랑으로 그분의 사랑하는 아들이 인류의 대리자가 되어, 인류의 죄에 대해 하나님의 거룩하심이 요구하는 공의의 형벌을 당하셨다. 우리 대신 벌을 받아 죽음은 물론 지옥까지 맛보신 것이다. "영생"은 아버지와의 교제다. 지금부터 영원까지 신자들은 용서와 평안, 사랑과 기쁨, 예배와 섬김, 자녀로서의 자유와 자족을 누리게 된다. "믿는다"는 말은 양면을 아우르는 전인적 믿음을 뜻한다. 복음의 진리를 머리로 받아들일 뿐 아니라, 그 진리가 가리키는 분, 즉 십자가에 죽으시고 부활하사 지금도 살아서 통치하시는 예수님을 마음으로 신뢰하는 것이다. 예수님을 인정하되 죄를 감당하신 구주이자 또한 보좌에 오르신 주님으로 인정해야 한다. 그분을 신뢰하려면 죄를 회개할 뿐 아니라 그분의 제자가 되어야 한다. 그야말로 삶을 바꾸어놓는 일대 사건이다.

바울은 고린도후서 5장 21절에 우리를 위한 그리스도의 사역을 사실상 위대한 맞바꾸기로 표현한다. "하나님이 죄를 알지도 못하신 이를 우리를 대신하여 죄로 삼으신 것[대리 죄인으로 간주하여 우리 대신 정죄하신 것]은 우리로 하여금 그 안에서[믿음으로 말미암아 그분과 연합하여] 하나님의 의가 되게[온전히 순종하신 아들처럼 우리도 하나님 아버지께 온전히 받아들여지게] 하려 하심이라." 다시 말해서 타락한 우리 삶의 죄는 그리스도께 전가되었고, 순종하신 그분 삶의 의는 우리에게 전가되었다. 그분이 우리의 형벌을 당하심으로 우리는 자유를 얻는다. 이것이 그리스도를 믿음으로 말미암아 은혜로 얻는 칭의다. 이런 연합을 누리려면 우리 자신을 그분과 함께 죽었다 살아난 존재로 여겨야 한다. 바울이 우리에게 모본을 보인다. "내가 그리스도와 함께 십자가에 못 박혔나니 그런즉 이제는 내가 사는 것이 아니요 오직 내 안에 그리스도께서 사시는 것이라 이제 내가 육체 가운데 사는 것은 나를 사랑하사 나를 위하여 자기 자신을 버리신 하나님의 아들을 믿는 믿음 안에서 사는 것이라"(갈 2:20). 진정한 그리스도인이라면 누구나 이와 동일하게 고백한다.

생명을 주시고 성화를 이루시는 성령

아담 이후로 모든 참된 영적 삶은 성령을 통해 생성된다. 삼위일체의 세 번째 위격이신 성령은 오순절에 주어져, 모든 그리스도인

안에 예수님의 영으로 거하신다. 그 역할에 맞게 그분은 그들을 위해 세 가지 새로운 일을 하신다.

1. 그들 안에서 다음 사실을 증언하신다. 즉, 그들이 부활하신 그리스도와 지속적으로 연합된 관계이고, 아버지의 가정에 입양된 존재이며, 그리스도와 함께 상속자의 신분이 되었음을 증언하신다. 이제 그리스도는 그 가정에서 그들의 맏형이시다.
2. 그들의 성품을 변화시켜 도덕적으로 그리스도를 닮아가게 하신다. 이를 위해 그들에게 능력을 주셔서 사랑, 희락, 화평, 오래 참음, 자비, 양선, 충성, 온유, 절제 등의 덕(갈라디아서 5장 22-23절에 나오는 성령의 열매)을 실천하게 하신다. 이것이 그들의 성화다.
3. 그들을 준비시켜 말과 일로 사역하게 하신다. 사실 이것은 그리스도께서 친히 그들 안에 계셔서, 자신의 사람들을 통해 자신의 사람들에게 하시는 사역이다. 그리스도의 교회에서는 모든 구성원이 사역자다. 어디서나 이것이 원칙이 되어야 한다. 모든 은사는 사용하라고 주신 것이며, 은사를 사용하지 않는 것은 성령을 소멸하는 일이다.

그리스도인의 삶은 정확히 성령의 삶이다. 예배, 섬김, 거룩함, 그리스도와의 교제—이 모두가 위로부터 능력을 주시기에 가능하다.

하나님이 계획하신 교회

신약성경이 말하는 교회는 하나님의 백성, 아버지의 가족, 그리스도의 몸, 신자들의 모임, 성령의 공동체다. 각 지역교회는 실제로 단일한 우주교회의 축소판이며, 그렇게 보이고자 늘 노력해야 한다. 지역교회는 더 큰 실체의 지부, 견본, 모형, 소우주다. 우주교회는 하나님의 새로운 인류다. 다국적, 다인종, 다문화 사회다. 그리스도 안의 연합을 표출하려는 끊임없는 노력은 인간 집단들 사이의 모든 통상적 분열을 초월한다. 우주교회를 부르시고 세우셔서 머리이신 주 예수 그리스도를 섬기게 하시는 일이야말로 지금 이 세상에서 하나님의 핵심 관심사이며, 또한 우리의 핵심 관심사여야 한다. 물론 개개 그리스도인들과 소그룹의 신자들도 하나님의 충만한 사랑과 보호를 누린다. 이는 의심의 여지가 없는 사실이다! 하지만 비유컨대 그들이 해변을 덮고 있는 모래알의 전부는 아니다. 절대로 그렇게 생각하거나 느껴서는 안 된다. 모든 그리스도인은 세계 교회의 일부이며, 그 공동체는 그리스도 안에서 이미 하나다. 우리 모두는 그러한 더 큰 정체성을 인식하고 실천하고자 노력해야 한다.

설교와 성경 교육, 규정된 성례의 집행, 공동의 예배와 기도, 목양과 훈련, 상호간의 섬김과 도움, 이웃과 세계를 향한 전도, 선한 사마리아인 같은 구제—이런 활동들이 교회 공동생활의 주요소가 되어야 한다. 교회는 초자연적 삶을 살아가는 초자연적 공동체이며, 그 삶은 그리스도와 교제하고 그리스도 안에서 서로 교제하는 삶이다. 각 지역교회는 모든 적절한 방법으로 이것을 나타내고자 창의적으로 열심히 노력해야 한다.

사랑이 이 모두를 하나로 묶어주어야 한다. 사랑이란 다른 사람들을 잘되게 하려는 지속적 관심을 뜻한다.

지금까지 최소한 일곱 가지 주제와 각각에 딸려 나오는 소주제들을 간략히 살펴보았다. 성인들을 위한 교리교육 과정에서 이 주제들을 매주 하나씩(경우에 따라 두 주가 필요할 수도 있다) 다루어나간다면, 내 생각에 많은 교회들에 굉장한 유익이 될 것이다. 우리가 이미 잘 알고 있어야 할 주제들과 소주제들이지만, 현실은 그렇지 못하다. 이렇게 우리가 교리적으로 무지하거나 무능하면, 변론이 벌어질 때 매우 취약한 상태가 될 것이다. 변론은 반드시 벌어지게 마련이다.

교리와 윤리

요즘 기독교 윤리에 대해 다음과 같은 착각이 성행하고 있다. 보편적 사랑의 법칙이 내면화되면 그리스도인들의 마음속에 저절로 어떤 지각과 충동이 생겨나는데, 기독교 윤리란 그런 지각과 충동에 대한 독자적 연구라는 것이다. 하지만 그렇지 않다. 어떤 식으로든 그리스도인의 행동 규범을 규정하는 것은 대개 교리에 기술된 불변의 사실들이다. 세 가지 예를 들면 다음과 같다.

혼신을 다하여 하나님과 이웃을 사랑하라는 지상계명이 있다. 첫째로 이것은 창조와 섭리와 은혜를 통해 이미 우리에게 베푸신 하나님의 사랑을 감사로 인식하고 거기에 반응하는 것이다. 둘째로 이것은 하나님을 성실하게 닮으라는 부름이다. 그분은 우리 이웃을 자신의 형상대로 지으셨고, 그 이유만으로도 그 사람을 무조건 사랑하신다.

십계명의 맨 마지막에 탐심을 금하는 말씀이 있다. 이 계명의 근거는 다음과 같은 지식에 있다. 인간 개인의 소유는 하나님이 각자의 유익을 위해 주신 것이다. 그래서 우리는 주어진 것으로 만족하고 그것을 최대한 활용해야 한다. 남에게 있고 내게 없는 것 때문에 안달해서는 안 된다. 남의 것을 빼앗으려 해서는 더더욱 안 된다.

동성애 관계의 금지는 결혼과 가정의 교리에서 파생된다. 성경에 보다시피 하나님은 양성(兩性)을 지어 이성간에 즐거이 끌리게 하셨고, 그것이 평생의 일부일처 결혼으로 이어지게 하셨다. 무엇보다도 결혼은 안정되고 성숙한 가정을 이루기 위한 것이다. 하나님이 창조하신 섹스는 쾌락을 수반한 출산을 위한 것이자 또한 이로써 부부관계의 결속을 더하시기 위한 것이다. 이것은 하나님이 주시고 가르치신 창조 질서의 일부이며, 동성간 결합은 이 질서에 정면으로 위배된다. 따라서 동성간의 육체적 결합은 아무리 참여자들이 고결하고 서로 충실하려는 뜻이 있어도 결코 거룩한 모습으로 볼 수 없다(그것이 "신성하다"는 2004년 캐나다 성공회 총회의 말은 틀렸다). 동물과의 섹스(수간)를 거룩한 모습으로 볼 수 없는 것과 마찬가지다. 하나님은 한계를 정하신다. 그분께 순종하려면 그 한계를 지켜야 한다. 섹스는 결혼으로 국한되며, 현대 사회가 뭐라고 말하든 결혼은 이성간의 동반 관계다. 우리는 타락한 존재이므로 누구나 부도덕한 욕망을 경험하다. 동성애 오르가슴에 대한 욕망이 아니라도 다른 욕망이 많이 있다. 하지만 우리는 부도덕한 욕망을 (성경이 말하는 대로) 부도덕한 욕망으로 인식하고, 하나님의 영광과 자기 영혼의 유익을 위해 물리쳐야 한다.

이런 예들에서 보듯이, 참으로 윤리란 교리에 선포된 진리를 행하는 일이다. 성경의 진리에 반항하는 게 아니라 그 진리를 표출하고 예찬하는 식으로 행동하는 것, 그것이 바른 생활이다. 바른 생활의 기준을 정하는 것은 바른 교리다. 그리스도인의 도덕성의 뿌리는 하나님의 계시된 진리를 높이 받드는 마음에 있다.

교리에 진지하지 않을 때 남는 것: 오리무중의 모호함

이번 장을 어둡고 침울한 분위기로 마치고 싶은 마음은 없지만, 현실이 그것을 요구하는 것 같다. 그래서 교리를 진지하게 대하지 않을 때 어떤 일이 벌어지는지 하나의 사례를 소개하려 한다.

나처럼 이민자인 어느 캐나다 기자는 "너는 모호해질지니라"가 캐나다의 지상계명이라고 썼다. 정치가들을 겨냥하여 한 말이지만 교회 지도자들에게도 똑같이 해당된다. 영국에 살 때 나는 모호함이 성공회의 큰 덕목이라는 말을 신물 나게 들었다. 그래서 캐나다의 부름에 응할 때, 이제 그 모든 헛소리와 작별이려니 생각했다. 하지만 아니었다. 나는 명료성과 진리를 기독교의 주된 가치라고 생각한다. 반면에 모호함은 진리의 이슈들을 변질시키거나 얼버무려 사람들에게 해를 끼치고 하나님을 욕되게 한다고 믿는다. 그런 나에게 캐나다 성공회는 깊은 슬픔을 안겨주었다.

예를 들면 이렇다. 2007년 캐나다 성공회 총회는 다음과 같은 동의안을 가결시켜 스스로 극도의 모호함 속에 빠져들었다. "동성간 결합을 축복하는 일은 (신경들에 표현된) [캐나다 성공회의] 핵심 교리에 어긋나지 않는다."

캐나다 성공회의 "핵심" 교리란 무엇인가? "신경들"이라는 토를 달았다고 해서 문제가 조금도 해결되지 않는다. 교부들이 만든 신경들은 성경을 고스란히 담아낸 것이기 때문이다. 신경들은 본질상 성경에 기초한 교리의 뼈대를 간추린 것이며, 기독교 입문자들(교리교육 예비 신자들)이 교육받는 내용이었다. 신경들이 윤리적 문제를 직접 다루고 있지는 않지만, 하나님이 창조주로 명시된 것으로 보아 위에 말한 결혼과 섹스의 성경 교리가 간접적·암시적으로 언급되어 있다고 할 수 있다. 또한 신경들이 만들어지던 시대에는 분명히 그리스도인들이 일치단결하여 동성애에 반대했다. 따라서 굳이 말하자면 신경들은 이 총회의 동의안을 속속들이 반박하며, 그래서 동의안은 허위 진술과 허튼소리가 되고 만다. 이처럼 신경들은 동성애 로비스트들이 끌어들이려는 주장을 암암리에 원천적으로 배격한다.

아울러 그 동의안은 또 다른 면에서 표현상 모호했다. "어긋나지 않는다"는 말은 무슨 뜻인가? 만일 그것이 신경들에도 성공회 신조처럼 동성애가 언급되어 있지 않다는 의미일 뿐이라면, 이 동의안은 사소한 것이며 변론은 사실상 거기서 끝난다. 하지만 다음과 같은 의미가 함축되어 있다면 결과는 완전히 달라진다. 동성애를 축복하는 일을 신경들이 배격하지 않았으므로 그것을 **중립적인 일**로 여겨야 한다는 논리다. 그것이 교회의 충실성이나 건전성에 아무런 영향을 주지 않기 때문에, 아무리 반대자들이 많아도 그것을 교회의 무난한 행동으로 여겨야 한다는 것이다. 만일 그렇다면 살인, 간음, 고문, 수간, 기타 수많은 일들도 동일한 논리로 그리스도인의 공동체 안에 정당화될 수 있다. 그런 것들 또한 신경들에 표현된 성공회의 핵심 교리에 어긋나지 않는다고 총회에서 선언하기만 하면 된다. 보다시피 이런 식의 논리는 잘못된 것이다. (물론 그 동의안은 단순히 다음번 동의안의 길을 트기 위한 것이었다. 다음번 동의안은 동성애를 축복하는 행위를 공식적으로 인정하자는 것이었는데, 하나님의 섭리로 부결되었다.)

그것이 성공회에 남긴 것은 무엇인가? 오리무중의 혼란이다. 총회의 이상한 행동 때문에 안개만 더 짙어졌을 뿐이다. 이 사례는 교리에 진지하지 않고 정치적 목적으로 모호함을 추구할 때 어떤 일이 벌어지는지 잘 보여주는 경고다. 다만 여기서는 그 자세한 내용으로 들어갈 수 없다.

이제부터라도 모든 교회가 자신의 유익을 위해 교리를 진지하게 여길 줄 알아야 한다. 그것이 우리 모두의 소원이자 기도가 되어야 한다.

연구 및 토의 질문

1. 교리를 어떻게 정의하겠는가?

2. 교리를 가르치고 배우는 일이 건강한 교회 생활에 필수라는 데 동의하는가?

3. 교회에서 교리를 어떻게 가르쳐야 한다고 생각하는가?

4. 이번 장에 성인들을 위한 교리교육 요강이 제시되었다. 그 범위는 당신이 보기에 다음 셋 중 어디에 해당하는가? (1) 너무 넓다. (2) 너무 좁다. (3) 적당하다.

5. 윤리의 근거가 교리에 있다고 확신하는가? 그래서 윤리의 명령과 금령은 성경에 나오는 불변의 사실들에 대한 직접적 반응이라고 보는가?

6. 동성애에 대한 2007년 캐나다 성공회 총회의 행동이 이번 장에 부정적으로 평가되어 있다. 그 평가에 동의하는가? 아니라면 이에 대해 어떤 말이 필요하다고 보는가?

3
그리스도인의 연합에 진지하라

Taking Christian Unity Seriously

현재의 성공회를 끈질기게 괴롭히는 고뇌가 있다. 아무도 이런 고뇌 속에 살고 싶은 사람은 없을 것이다. 30여 년 전만 해도 세계 성공회가 지금 같은 상태가 되리라고 상상한 그리스도인은 아무도 없을 것이다.

그동안 벌어진 일은 비밀이 아니다. 근래의 성공회 역사는 많은 교단들에서 그리스도인의 연합이 깨진 일을 잘 대변해준다. 따라서 그 역사를 돌아보면 우리 모두에게 교훈이 될 수 있다.

동성애에 대한 성공회의 고뇌

1960년대에 대부분의 서구 세계에서 동성애 행동이 해금되었다. 이를 계기로 동성애 정책이 출현하면서, 동성애자들이 추구하는 목표는 단순한 관용을 넘어섰다. 사회 모든 부문에서 이성애자들과 동등한 존중과 권리를 요구하고 나선 것이다. 동성애 정책의 한 갈래로 교회 교단들에도 압력이 고조되었다. 동성애자와 동성애 행동을 영적으로 건강한 것으로 인정하고, 동성간 결합을 결혼과 동등하게 거룩한 일로 인정하며, 동성애 행위를 하는 사람도 직분의 적임자로 인정하고, 동성애를 이유로 직분을 금하는 것을 잘못으로 인정하라는 것이었다. 동성애 평등을 추진하기 위해 각계각층의 동성애자들에게 "커밍아웃"이 권장되었고, 여러 대도시에서 "동성애 프라이드"의 날이 시행되기 시작했다. 다른 교단들과 마찬가지로 성공회에서도 동성애를 실행하는 사람들에게 성직 안수를 주고 교회의 모든 직위를 개방해야 한다는 요구가 거세졌다.

1998년 램버스 회의(세계 성공회 주교단 모임-역주)는 천주교와 동방정교회와 2천 년 기독교 역사와 입장을 같이하여, 동성애 행동이 기독교에 어긋나므로 용인될 수 없음을 명백히 천명했다. 그러나 2002년에 캐나다 뉴웨스트민스터 교구 회의에서 담당 주교는 대다수 참석자들의 요청을 받아들여, 앞으로 동성애 커플들을 공적으로 축복하기로 했다. 그러자 약 1백 명의 참석자들이 그 주교 및 회의와 교제를 단절하기로 선언하고 그 표시로 회의장에서 퇴장했다. 고통스러운 일이었지만 그들이 보기에 주교의 공약은 성경의 명백한 금령에 어긋나는 것이었고, 동성애 행동을 비롯한 과거의 죄에서 회개하고 돌아서라는 복음의 분명한 요구에 어긋나는 것이었다(고전 6:9-11 참조). 주교의 결정이 복음을 불구로 만들었으므로 그들로서는 그런 행동을 취할 수밖에 없었다. 그들의 퇴장은 연못에 던진 하나의 돌멩이가 되었다. 잔물결이 퍼져나가 머잖아 전체 성공회가 교구는 물론 관구 차원에까지 개입되었다. 내 표현으로 성공회의 "옛 서구"(영국, 북미, 호주)에서는 동성애 문제를 인권 문제로 접근하여 이미 상당한 지지가 확보된 상태였지만, 분명히 아시아와 아프리카의 후발 관구들에서는 동성애 행동이 여전히 절대 금기였다. 후발 관구들의 이런 입장은 그들이 그리스도의 복음을 전하고자 애쓰는 대상들(특히 무슬림)의 입장과도 동일하다. 성공회 내부의 이런 격변은 다양하게 표현되는 자유주의 신학과 역사적·성경적 정통교리 사이의 깊은 분열의 반영이자 그 분열을 부각시켜준다. 성공회의 신앙고백과 교회법은 둘 다 후자에 공적으로 헌신되어 있다. 지금 성공회는 교단이 분리될 가능성에 직면해 있으며, 연합을 무너뜨렸다는 비난이 사방에서 나오고 있다.

이번 장의 초점

여기까지가 이제부터 논하려는 내용의 도입이다. 우리가 함께 살펴볼 내용은 동성애 정책이 유발한 논쟁이 아니라 그것이 불러일으킨 그리스도인의 연합에 대한 문제다. 지금 성공회는 분열되어 있다. 누가 연합을 깨뜨렸는가? 그렇다면 성공회 관구들이 온전히 서로 교제하던 그때의 그 국제기구는 그리스도인의 진정한 연합의 모본이었는가? 지금 우리가 실현하고 유지하고 소중히 여겨야 할 연합은 어떤 것인가? 사도들의 가르침에 순종하고 예수님 자신의 기도를 이루어드리는 연합은 무엇인가? 지금부터 이와 관련된 문제들을 명확히 밝혀보고자 한다.

그리스도인의 연합으로 부름 받은 우리

우선 출발점으로 연합에 대한 신약의 두 가지 핵심 본문을 자세히 들여다보기로 하자. 첫 번째는 복음서인 요한복음 17장 20-23절이다. 여기서 예수님은 모든 제자의 연합을 위해 기도하신다.

> 내가 비옵는 것은 이 사람들[같은 장 바로 앞까지 그리스도께서 위해서 기도하신 열한 명의 충실한 제자들]만 위함이 아니요 또 그들의 말로 말미암아 나를 믿는 사람들도 위함이니 아버지여, 아버지께서 내 안에, 내가 아버지 안에 있는 것 같이 그들도 다 하나가 되어 우리 안에 있게 하사 세상으로 아버지께서 나를 보내신 것을 믿게 하옵소서 내게 주신 영광을 내가 그들에게 주었사오니 이는 우리가 하나가 된 것 같이 그들도 하나가 되게 하려 함이니이다 곧 내가 그들 안에 있고 아버지께서 내 안에 계시어 그들로 온전함을 이루어 하나가 되게 하려 함은 아버지께서 나를 보내신 것과 또 나를 사랑하심 같이 그들도 사랑하신 것을 세상으로 알게 하려 함이로소이다.

"우리가 하나가 된 것 같이 그들도 하나가 되게 하려 함이니이다." 에큐메니칼 운동 초창기에, 교회 연합에 힘쓰라는 명령으로 이 본문이 크게 강조되었다. 그러나 예수께서 생각하신 것은 분명히 모종의 세계적 교회 기구가 아니다. 그보다 그분은 그리스도인들이 네 부분에서 하나가 될 것을 말씀하신다. 자세히 설명하면 다음과 같다.

첫째, 이 연합은 **분별하는 사고**에서 하나가 되는 것이다. 무엇이 사실이고 진리인지를 인식하고 믿는 부분에서 일치해야 한다는 것이다. 아버지께서 아들에게 주셨고 아들이 제자들에게 주신 "영광"(22절)은 분명히 하나님의 자기현시다(성경에서 "영광"은 대개 이런 뜻으로 쓰인다). 그 영광은 예수께서 선포하고 구현하신 "은혜와 진리"(요 1:14-18)의 계시로 나타난다. 즉, 복음을 통해 성령께서 영적으로 어두운 사람들을 이끌어 하나님을 알고 그분과 교제하게 하신다는 계시다. 기도 앞부분에서 충실한 열한 제자에 대해 말씀하실 때 예수님은 그것을 이렇게 언급하셨다. "나는 아버지께서 내게 주신 말씀들을 그들에게 주었사오며 그들은 이것을 받고"(17:8). 예수님에 의하면 아버지와 아들은 삼위일체의 연합된 삶 안에서 함께 생각하신다. 아버지는 아들의 행동 방침을 모두 계획하시고, 아들은 자신을 향한 아버지의 뜻에 모두 따르신다(참조 요 5:19-23, 8:26-29, 12:49-50). 마찬가지로 그리스도인들도 아버지와 아들의 생각과 가르침에 따라야 한다고 예수님은 말씀하신다. 두 분의 생각과 가르침은 우리를 위해 성경에 기록되어 있다. 이는 그리스도인들이 하나님의 속성과 뜻과 사역에 대해 함께 생각하고 서로 일치해야 한다는 뜻이다. 그래야 그들 가운데 공통된 **정통교리**(문자적으로 바른 믿음이라는 뜻이다)가 확립되고 고수될 수 있다.

둘째, 이 연합은 **영적 삶**에서 하나가 되는 것이다. 즉, 예수께서 말씀하신 "영생"에서 하나가 되는 것인데, 그분은 묵상 기도의 한순간에 영생을 "유일하신 참 하나님과 그가 보내신 자 예수 그리스도를"—나 자신을!—"아는 것"이라 정의하셨다(17:3). 이 말씀의 의미는 다음과 같다. (1) 우리는 하나님과 주 예수님의 실체를 인정한다. (2) 우리는 사도적 말씀을 통해 전달되는 아버지와 아들의 영적 감화에 반응한다. 세상의 생명체들이 물리적 자극에 반응하는 것과 같다. (3) 우리는 예수께서 니고데모에게 물과 성령으로 거듭난다고 표현하신 그 내적 변화를 겪는다(요 3:3-7). 그리하여 죄를 위해 죽으셨고 우리를 자신께로 이끄시는 예수님이 우리 삶의 구심점이 되신다(3:14-21). (4) 하나님이 우리에게 세상과 마귀를 대적하고 복음의 메시지를 전할 능력을 주신다(17:14-16, 20). 이 네 가지를 아우르는 영생은 그리스도께서 친히 우리 안에 계시며 우리 각자와 연합하실 때 나타나는 결과다. 그분은 인간의 영혼 안에 하나님의 생명력을 지속시키시고, 우리 각자를 자신에게 묶으심으로 우리 모두를 서로에게 묶으신다.

셋째, 예수께서 말씀하신 연합은 **능동적 사랑**에서 하나가 되는 것이다. 이 사랑은 우리를 구속하여 삶을 변화시키시는 하나님의 사랑을 알 때 생겨나고 활성화된다(23, 26절). 이것은 우리가 모든 대상을 모든 적절한 방식으로 힘써 높이고 존중하는 사랑이다. 우선 하나님을 향한 사랑은 감사와 찬송, 계시된 말씀에 충실한 태도, 은혜의 복음을 선포하는 일로 표현된다. 또 이웃을 향한 사랑은 그들을 섬기고 모든 종류의 필요를 채워주는 것으로 표현된다. 이것은 범사에 하나님의 도덕 기준을 지키는 거룩한 사랑이며, 주 예수님께 충성하는 마음에서 솟아나는 초자연적 사랑이다. 이 사랑이 생겨나려면 반드시 그분이 구원을 통해 신자들과 연합하셔야—"내가 그들 안에 있고"(23절)—한다.

넷째, 이 연합은 **선교 사역**에서 하나가 되는 것이다. 성육신하신 아들이 이 땅에 계실 때 아버지와 그분, 즉 보내신 분과 보냄 받으신 분은 요즘 말로 함께 선교 활동을 하셨다. 두 분이 수행하신 구속 사역은 세상에 은혜와 구원을 베푸시는 사역이었다. 부활하신 후에 아들은 제자들을 파송하셨는데—"아버지께서 나를 보내신 것 같이 나도 너희를 보내노라"(요 20:21)—이로써 모든 그리스도인은 이 세상에 있는 한 어떤 식으로든 선교에 동참하게 된다. 우리는 선교 지도자이신 그리스도 안에서 하나로 연합하고 협력하여, 그분 아래서 능동적으로 복음을 전하도록 부름 받았다.

바로 이것이 예수께서 기도로 구하신 기독교의 연합, 즉 그리스도인들의 연합이다. 우선 첫째로 그것은 그분을 향한 공통된 충성이며, 이는 그분의 가르침에 냉철하게 충실한 태도로 표현된다. 둘째로 그것은 그분이 선물로 주신 영생을 전심으로 알고 누리는 것이다. 셋째로 그것은 생활방식으로 나타나는 거룩한 사랑이다. 넷째로 그것은 온 세상에 복음을 전하는 선교적 사명에 일차적으로 헌신하는 것이다. 요한복음 17장 6-19절에 보듯이 예수님은 자신과 충실한 열한 제자 사이에 이미 이 연합을 원칙적으로 이루셨다. 이제 그것이 모든 세대의 신자들에게 확대되어야 한다. 이런 행동하는 연합을 볼 때 세상은 다음 두 가지 사실을 확신하게 된다. 우선 예수 그리스도께서 당국자들에게 제거되어 마땅한 괴짜 혁명가이기는커녕 참으로 하나님의 보내심을 받아 우리를 하나님께로 인도하시는 분이라는 사실이다. 또한 하나님이 친아들이신 그리스도를 사랑하시는 것처럼 우리 그리스도인들을 사랑하신다는 사실이다(23절). 그리스도는 그분 자신 안에서 우리에게 새 생명을 주셨다. 보다시피 이 본문에는 어떤 형태의 교회 기구도 언급되어 있지 않다. 그래서 이런 추론이 가능하다. 그런 기구는 지금까지 설명한 바 그리스도 안에서 우리에게 주어진 하나 됨을 표출하고 증진해 주는 한에서만 그리스도인의 연합과 관계가 있다.

그리스도인의 연합의 여러 차원

이번에는 에베소서 4장 1-6절에 나오는 바울의 말을 위 내용과 나란히 놓는다.

> 그러므로…내가 너희를 권하노니 너희가 부르심을 받은 일에 합당하게 행하여 모든 겸손과 온유로 하고 오래 참음으로 사랑 가운

데서 서로 용납하고 평안의 매는 줄로 성령이 하나 되게 하신 것을 힘써 지키라 몸이 하나요 성령도 한 분이시니 이와 같이 너희가 부르심의 한 소망 안에서 부르심을 받았느니라 주도 한 분이시요 믿음도 하나요 세례도 하나요 하나님도 한 분이시니 곧 만유의 아버지시라 만유 위에 계시고 만유를 통일하시고 만유 가운데 계시도다.

"성령이 하나 되게 하신 것을 힘써 지키라." 이것이 여기서 바울의 관심사다. 방금 인용한 본문과 그 뒤에 어이지는 구절들에서 그는 두 가지 일을 한다. 첫째, 이 연합에 기여하고 이 연합을 함께 구성하는 몇 가지 실체를 논리적으로 우리에게 상기시킨다. 둘째, 이 연합을 지키기 위해 우리가 어떻게 노력해야 하는지 광범위하게 지적한다. 지금부터 이 두 가지를 살펴보고자 한다.

우선 성령이 하나 되게 하신 것(성령의 연합)이란 무엇인가? 이 연합은 많은 사람들이 성령과는 물론 성령을 통해 또한 성육신하신 아들 및 아버지 자신과 관계를 맺을 때 그 결과로 주어지는 실체다. 아들은 아버지의 지명을 받아 현재 교회와 세상의 정당한 주님이시고, 아버지는 영원하신 아들의 영원하신 아버지로서 그리스도를 통해 우리의 양부가 되셨다(참조 롬 8:14-17, 갈 4:4-7, 요일 3:1-2). 그리스도께서 친히 성령의 사역에 대해 분명히 이렇게 말씀하셨다. "그가 내 영광을 나타내리니 내 것을 가지고 너희에게 알리시겠음이라"(요 16:14). 과연 오순절 이후로 성령의 사역은 모든 면에서 그리스도와 그분의 영광을 중심으로 이루어진다. 우리의 생각에 빛을 비추어 그리스도의 인격과 지위와 구원 행위를 깨닫게 하시는 면에서도 그렇고, 그리스도를 믿는 믿음을 불러일으켜 우리를 그분의 부활하신 생명과 연합시키시는 면에서도 그렇고, 우리 각자를 그리스도의 도덕적 형상으로 변화시키시는 면에서도 그렇고, 교회를 하나로 묶어 그리스도 안에서 공동체적 성숙을 향해 자라가게 하시는 면에서도 그렇다. 만일 그리스도의 계시된 교리가 축소 또는 왜곡되거나, 인격적인 믿음과 회개와 제자도가 '교회 시스템'에 동조하는 것으로 전락하거나, 서로 섬기는 사랑이 제도화된 형식적 관행 또는 심히 적대적인 갈등과 분열로 변하거나, 개인들과 교회 전반의 영적 발전에 대한 관심이 사라진다면, 그렇다면 성령의 연합이 근본적으로 훼손되고 그리스도 자신께 큰 욕이 될 것이다.

    삼위일체의 틀(한 성령, 한 주님, 한 아버지) 안에서 바울은 연합의 네 가지 구체적 실체를 언급한다. 각 실체마다 그리스도의 영광을 다른 각도에서 보여준다. 그리스도인들은 그분 안에서 그분을 통해 하나다.

    우선 믿음이 하나다. 이것은 기본이다. 믿음이란 하나님이 은혜와 자비로 우리에게 자신을 계시하신 데 대해 우리 쪽에서 마음과 뜻과 힘을 다하여 보이는 반응이다. 넓은 의미에서 믿음은 성경에 나오는 하나님에 대한 모든 내용을 믿고 반응하는 것이라 할 수 있다. 하지만 성경이 말하는 믿음은 대개 좁은 의미의 믿음이다. 그렇게 협의로 볼 때, 믿음의 초점은 정확히 두 가지다. 하나는 살아 계신 구주요 주님이신 예수 그리스도 자신이다. 그분은 자신이 곧 진리라고 말씀하셨는데(요 14:6), 이는 모든 사람이 직면해야 할 궁극적 실체라는 뜻이다. 또 하나는 그분에 대해 성경 전반과 특히 사도들이 제시한 모든 진리다. 그래서 믿음은 이중적 반응이다. 그리스도에 대한 모든 진리를 받아들임과 동시에 그분을 인격적으로 신뢰하는 것이다. 이 신뢰를 통해 우리는 이전의 생활방식을 버리고, 제자도의 삶에 헌신하며, 가장 깊은 모든 소망을 그분께 둔다. 이 소망이 두 번째 실체이지만, 거기로 넘어가기 전에 우선 다시 한 번 상기해야 할 것이 있다. 우리가 이런 실체들을 깨닫고 믿음으로 인도되는 것은 바로 성령께서 우리의 생각과 마음에 빛을 비추어 성경의 가르침을 해석해주시기 때문이다. 우리를 그리스도인이 되게 하시는 성령의 사역이 없이는 성령의 연합이란 있을 수 없다.

다음은 한 **소망**이다. 하나님이 복음을 통해 우리를 불러 우리가 회개와 믿음으로 그리스도의 발밑에 이를 때, 이 소망은 우리의 것이 된다. 바울은 다른 곳에서 "우리의 소망이신 그리스도 예수"(딤전 1:1)라는 표현을 썼다. 이 말은 무슨 뜻인가? 여기에 답하려면 두 가지 사실에 주목해야 한다. 첫째, 우리 인간은 희망을 품는 종(種)이다. 우리 모두는 다분히 미래에 대한 개인적 희망 속에 살아간다. 공통의 희망처럼 사람들을 하나로 묶어주는 것은 별로 없다. 정치적 반란과 혁명의 역사가 그것을 잘 보여준다. 둘째, 기독교는 성취―그리스도께서 우리를 위해 성취하신 구원―의 종교인 것만큼 또한 소망을 지향하는 종교다. 즉, 하나님이 해주기로 약속하신 더 많은 일들을 고대하는 신앙이다. 장차 예수 그리스도께서 다시 오신다. 그분은 육체의 부활을 통해 자신의 사람들을 완성하실 것이고, 재창조된 우주에서 영원히 그들과 함께 사실 것이다. 세상이 줄 수 없는 기쁨이 그곳에 넘칠 것이다. 바울은 빌립보 교인들에게 쓴 편지에서 그것을 자신에게 적용하여 이렇게 표현했다.

> 이는 내게 사는 것이 그리스도니 죽는 것도 유익함이라…그리스도와 함께 있는 것이 훨씬 더 좋은 일이라(1:21, 23).

> 내가 그를 위하여 모든 것을 잃어버리고 배설물로 여김은 그리스도를 얻고 그 안에서 발견되려 함이니…내가 그리스도와 그 부활의 권능(을)…알고자 하여…오직 한 일 즉 뒤에 있는 것은 잊어버리고 앞에 있는 것을 잡으려고 푯대를 향하여 그리스도 예수 안에서 하나님이 위에서 부르신 부름의 상을 위하여 달려가노라(3:8-10, 13-14).

이 소망을 공유하고 자주 말하며 그 능력 가운데 살면, 그것이 그리스도인의 공동체를 신기하게 단합시켜주는 효과가 있다. 성령이 이루시는 연합의 또 다른 측면인 이 소망도 그분의 사역이 없이는 존재할 수 없다. 성령께서 친히 우리에게 그리스도와 함께할 미래를 미리 조금 맛보게 하셨고, 그리하여 바울처럼 우리도 소망의 사람들이 되게 하셨다.

세례도 하나다. 신약의 세례 의식에는 여러 가지 의미가 있다. 분명히 세례는 그리스도의 제자라는 정체성을 보여주는 배지이며, 그분께 바치는 충성의 서약이다. 분명히 세례는 그리스도의 피로 죄를 씻는다는 상징이며, 신자들에게 자신의 죄가 정말 사해졌다는 확신을 준다. 물속에 들어갔다 나오는 상징은 자신의 과거에 대해 그리스도와 함께 죽고, 그분 안에서 그분과 함께 부활하여 전혀 새로운 삶에 들어간다는 의미다. (이것은 몸이 물속 어디까지 들어가든 또는 성인 세례이든 유아 세례이든 관계없이 적용된다.)

세례란 각 그리스도인이 개별적으로 받는 것이다. 그렇다면 세례가 하나라는 바울의 말은 무슨 뜻인가? 세례의 의미가 세례를 받는 모든 사람에게 동일하다는 진리를 천명하는 것인가? 문맥상 사고의 흐름을 보면, 그의 말은 그 이상을 의미한다. 바울은 세례를 그리스도 중심이자 성령 중심으로 생각하면서, 우리에게 세례를 다음과 같이 보아야 함을 상기시킨다. 즉, 모든 세례식은 예수 그리스도께서 손을 내밀어 대상자를 품어주시는 일이며, 또한 "우리가 [신자들이]…다 한 성령으로 세례를 받아 한 몸이 되었고 또 다 한 성령을 마시게 하셨느니라"(고전 12:13)는 진리의 상징이다. 이것은 바울이 열거한 연합의 구체적 실체 중 네 번째이자 마지막으로 연결된다.

끝으로 **몸**이 하나다. 그리스도의 교회의 삶은 성령께서 주시고 성령께서 이끄시는 유기적 삶인데, 이에 대해 바울이 즐겨 사용한 개념은 교회의 삶이 그분의 몸이라는 것이다. 에베소서에 그 은유가 강조되어 나타난다(참조 1:22-23, 3:6, 5:23-30). 은유의 핵심은 이것이다. 인체 기능은 다양성 속의 연합과 연합 속의 다양성을 놀랍게 보여준다. 다양한 신체 부위가 복잡하면서도 질서정연한 여러 동작을 만들어내는데, 이 모두는 단일한 관제탑인 머리의 제어와 감독 아래 이루어진다. 교회도 그래야 한다고 바울은 촉구한다. 교회는 각양각색의 재능과 솜씨를 갖춘 각양각색의 사람들로 이루어진다. 교회의 머리이자 주님이신 그리스도의 뜻은 그들이 서로 협력하고 보완하여 교회를 세우고 모든 구성원을 세우는 것이다. 그래서 그분은 그들을 감화하여 그런 식으로 행동하게 하신다.

앞서 보았던 믿음과 소망과 세례의 경우와 마찬가지로, 서로 섬기는 이 공동생활에서도 성령의 활동은 기본이다. 우리에게 사역의 은사를 주시는 분은 바로 우리 안에 사시는 성령이시다. 아울러 그분은 우리가 은사를 통해 서로 사랑하도록 능동적으로 독려하시고 조절하신다. 그리하여 무질서 대신 질서가 지배하고, 상처와 피해를 주는 게 아니라 덕을 세우게 하신다. 바울은 에베소서 4장의 이어지는 구절들에서 이 내용을 자세히 설명한다. 그가 나누는 비전은 이렇다.

> 우리가 다 하나님의 아들을 믿는 것과 아는 일에 하나가 되어 온전한 사람[헬라어로 "장성한 사람"]을 이루어 그리스도의 장성한 분량이 충만한 데까지 이르리니…오직 사랑 안에서 참된 것을 [말] 하여 범사에 그에게까지 자랄지라 그는 머리니 곧 그리스도라 그에게서 온 몸이 각 마디를 통하여 도움을 받음으로 연결되고 결합되어 각 지체의 분량대로 역사하여 그 몸을 자라게 하며 사랑 안에

서 스스로 세우느니라(엡 4:13, 15-16).

성령의 인도에 순종하여 사랑으로 서로 섬기면 교회가 튼튼하고 건강해진다. 데살로니가 교회가 그런 경우였다(참조 살전 4:1-12, 5:8-24). 그러나 그분의 인도에 순종하지 않으면 성령의 은사가 오용되어, 교회가 영영 미성숙과 그 피해에서 벗어나기 어렵다. 고린도 교회가 그랬다(참조 고전 3:1-4, 10-18, 12-14장, 16:13). 우리는 하나님이 주신 우주교회의 연합과 숙명을 늘 명심해야 한다. 그러면 지역교회 차원에서 그리스도의 영광을 위해 이 연합을 보존하고 드러내기 위해 열심히 노력하게 된다. 그분은 교회의 머리요 소망이요 생명이시다.

그리스도인의 연합의 원리

지금까지 살펴본 두 본문에 비추어 이제 우리는 그리스도인의 연합에 관한 몇 가지 핵심 원리를 도출할 수 있다. 이것이 앞으로 우리가 사고하는 데 길잡이가 될 것이다.

1. 그리스도인의 연합은 현재의 선물이자 미래의 목표다

그리스도인의 연합은 교회 연합과도 다르고 그리스도인의 교제와도 다르다. 요컨대 그리스도인의 연합이란 단순히 다른 모든 그리스도인과 함께, 살아 계신 우리 주 예수 그리스도와 연합하여 그분 안에 살아 있고 그분의 지배를 받는 상태다. 여기서 말하는 모든 그리스도인에는 지금 그리스도와 함께 하늘의 예루살렘(히 12:22)에 있는 과거의 그리스도인들과 오늘 우리와 함께 지상에 있는 현재의 그리스도인들이 모두 포함된다. 각 그리스도인이 그리스도 안에 있고 그분과 하나이듯이, 모든 그리스도인은 그분 안에서 그분을 통해 서로 하나다. 여기서 "그리스도인"이란 아주 구체적으로 다음과 같은 신자를 의미한다. 즉, 거듭났고, 그리스도를 알며, 성령께서 내주하시고, 삼위일체 하나님의 영광을 위해 사랑하며 살고자 애쓰는 신자다. 그리스도인의 연합은 모든 그리스도인이 고백하는 능동적인 하나 됨이다. 그들은 구주의 사랑 안에서 초자연적 생명을 공유하며, 인종과 피부색과 사회 계층과 교단 등의 모든 벽을 넘어 서로 사랑한다. 이런 관점에서 볼 때 그리스도인의 연합은 하나님의 선물이고 천국의 맛보기다. 또한 전적으로 하나님의 은혜의 산물이다.

그러나 다른 관점에서 보면 그리스도인의 연합은 아직 완전히 도달하지 못한 목표다. 그 이유는 소위 믿는다는 사람들 사이에도 교리와 행동이 각기 다르기 때문이다. 교리에서든 행동에서든 역사적 기독교와 성경의 기준에서 이탈할 뿐 아니라 남들에게도 그렇게 하도록 가르치고 이끄는 교단들이 있다. 그런 교단의 사람들은 그리스도인의 연합을 방해하고 훼손하고 사실상 무너뜨린다. 아무리 진지하게 자신이 신학적 지혜와 영적 진보의 선구자라 생각해도 소용없다. 우리는 사람의 마음을 읽을 수 없으므로, 이런 식으로 이탈하는 사람들이 진정한 의미에서 그리스도인인지 아닌지 말할 수 없다. 하지만 이것만은 말할 수 있고 또 말해야 한다. 그들의 이탈이 벽을 쌓아올려 우리가 그들과의 사이에 그리스도인의 연합을 인정할 수 없다는 것이다. 실제로 그것은 벽이다. 부분적일 뿐인 신자들과 온전히 연합한다는 것은 불가능한 일이다.

2. 그리스도인의 연합의 근거는 계시된 진리에 있다

이 원리는 방금 말한 내용에서 더 깊이 들어간 것이다. 그리스도인들에게는 하나님의 생각과 발언이 진리의 절대 기준이다. 창세기로부터 시작하여 2천 년 전 그리스도와 사도들의 시대에 이르는 장구한 구속사 동안, 하나님은 구속과 구속받은 삶의 실체에 대한 자신의 생각을 투명하게 계시하셨다. 이 계시가 성경 정경에 구체적으로 기록되어 있다. 세상의 모든 세대가 하나님의 행동과 발언을 정확히 알고 이해할 수 있도록 성령께서 성경을 감화하셨다. 그렇게 계시되고 기록된 내용이 지금 인간의 모든 사상과 문화적 합의를 지배하는 기준이다. 그것들이 얼마나 참이거나 거짓인지 측정하는 잣대는 바로 하나님의 말씀이다. 그런데 성경의 성격을 변질시켜, 성경을 의도도 좋고 종교적 통찰도 있지만 사실성을 믿을 수 없는 인간 전통으로 보는 사람들이 있다. 그들은 자신이 성경의 판단을 받는 게 아니라 오히려 자신에게 성경의 진리와 지혜를 판단할 권리가 있는 듯 행세한다. 이런 사람들은 모두 그리스도인의 연합을 증진시키는 게 아니라 오히려 방해하며, 그 과정에서 굉장한 혼란과 엄청난 영적 혼미함을 야기한다. 그리스도인의 연합을 도모하려는 사람들은 변론을 즐기거나 조장할 게 아니라 그런 지적인 방법과 그 결과가 잘못임을 명백히 밝혀야 한다. 나아가 이런 변질이 완전히 사라질 때까지(부디 하나님이 그렇게 해주시기를 빈다) 그것을 계속해서 밝혀야 한다.

3. 개인 생활에서 그리스도인의 연합을 이루려면 그리스도인의 소망을 확실하게 공유해야 하고 그리스도인의 사랑을 원칙대로 실천해야 한다

성경적인 그리스도인의 연합에는 다음과 같은 차원이 있다. 그리스도인은 인생을 두 세상의 관점에서 보며, 하늘의 도성에서 그리스도와 함께 누릴 미래의 영광—평안과 기쁨과 최상의 복—을 강조한다. 하나님이 약속하시고 예비하신 그 도성은 지금 대기 중이며, 예수께서 재림하실 때 공개될 것이다. 그리스도인들은 진리 안에서 연합하는데, 미래의 소망도 그 진리의 일부다. 그 소망을 함께 고대하는 일 자체가 연합의 끈이다. 신약성경은 그리스도인을 이 세상의 거류민과 나그네로 본다. 물론 우리는 여기서 하나님을 섬기며 수많은 복을 누린다. 하지만 우리는 늘 **여행** 중이다. 본질상 적대적인 땅인 이 세상을 지나 우리의 **본향**인 저 세상에 이르면, 우리 구주와 친밀하게 지내며 상상을 초월하는 평안과 기쁨을 누리게 된다. 거기가 우리의 진짜 집이다. 오늘날 드러나는 기독교의 결함 가운데 하나는 이런 두 세상의 관점을 잃고 온통 현세에 치중한다는 점이다. 하지

만 세상 것들은 그 무엇도 완전하지 못하며, 누구나 죽을 때 두고 가야 한다. 그리스도인의 연합을 중시하는 사람들과 방해하는 사람들 사이에는 거대한 간극이 있는데, 그리스도인의 소망이 논제로 떠오르면 그 간극이 더욱 극명해진다. 이 세상을 변화시킬 전망은 다채롭고 화려하게 제시되는 반면, 천국의 기쁨을 향한 소망은 한낱 도피주의로 일축되기 때문이다. C. S. 루이스가 지혜롭게 지적했듯이, 천국을 가장 사모하는 사람들이 대개 이 땅에서 가장 유용한 사람들이다.

그리스도인이 서로 사랑하는 일은 그리스도 안에서 누리는 연합의 한 표현이다. 우리는 하나님이 성경에 말씀하셨고 그리스도 안에서 보여주신 인생의 이상적 기준에 비추어, 그 사랑을 책임감 있게 실천해야 한다. 그렇지 못하면 이 또한 그리스도인의 연합을 무너뜨린다. 자녀, 배우자, 친구, 불우한 이웃, 학대당하는 집단 등 남을 사랑하는 일을 무엇이든 상대방이 달라는 대로 주고 상대방이 선택하는 대로 용납한다는 뜻으로 생각한다면, 이는 기독교의 기준에 못 미치는 서글픈 착각이다. 물론 사랑은 준다. 하지만 하나님께 합당한 행동의 선(線)을 지키지 않고 무조건 준다면 이는 기독교적 사랑의 실천이 아니다. 절제, 정서적 성숙, 용기, 겸손, 인내, 진실성, 신뢰성, 정결함, 거룩함 등 전반적으로 그리스도를 닮은 모습을 간접적으로라도 독려하고 그쪽으로 돕지 않으면서, 무조건 주기만 하는 것은 사랑이 아니다. 도덕적 둔감성과 무관심은 기독교적 사랑의 표현이 아니라 오히려 그 사랑을 말살한다. 상대가 누구이든 그의 잘못을 더욱 굳어지게 하는 것은 기독교적 의미의 사랑이 아니며, 상대가 동료 그리스도인이라면 더 말할 것도 없다. 이는 누구와의 사이에서든 그리스도인의 연합을 인정하는 방법은 더더욱 아니다. 그리스도인의 사랑은 상대방을 있는 그대로 수용하고 존중하며 호의를 보인다는 의미에서 무조건적이다. 그러나 그냥 방임하는 게 아니라 참된 유익을 끼친다는 점에서 그 사랑은 결코 무관심하거나 무분별하지 않다. 진정한 그리스도인의 사랑은 항상 기독교의 기준을 고수한다.

4. 그리스도인의 연합을 교회 생활에서 실천하려면 모든 차원에서 인내심을 가지고 노력하고 적극적으로 나누어야 한다

그리스도 안에서 이루어지는 공동생활의 실체는 지역교회를 통해 만인에게 가시적으로 드러나야 한다. 지역교회에 요구되는 것이 신약성경에 최소한 네 가지로 밝혀져 있다.

첫째, **평화를 추구해야 한다**. 죄로 비뚤어진 세상에서 우리 모두는 다른 사람들에게 고집 세고 완고하고 미련해 보일 때가 있다. 실제로 그런 모습이 될 때도 있다. 어떤 공동체, 가정, 교회, 모임, 단체를 막론하고 계속 호의를 품고 함께 지내려면 노력이 필요하다. 그러므로 신약성경의 교회들이 내부적 관계의 문제로 골머리를 앓았다는 사실은 놀랄 일이 아니다. 자신들의 교회를 태동시킨 복음 때문에 감격을 주체하지 못하면서도 그런 모습이 공존했다. 그래서 바울은 그리스도 안에서 서로 연합하는 훈련으로 그들에게 사랑,

평화, 용납, 화합을 실천할 것을 거듭 당부했다(참조 롬 12:9-10, 16, 15:5-6, 고후 13:11, 엡 4:1-3, 빌 1:27, 2:2, 4:2, 살전 5:13). 인간의 본성은 변하지 않기에 지금도 그리스도 안의 공동생활에 근본적으로 요구되는 것은 애정 어린 화합이다. 이 요구는 절제와 단호한 노력을 통해서만 충족될 수 있다.

둘째, **교제를 실천해야 한다**. 함께 예배를 드리는 그리스인들도 이 부분에서 미진하기 쉽다. 온전한 영적 건강에 서로의 적극적인 도움과 지원이 필요함을 인식하지 못하는 것이다. 신약성경에서 쓰인 **교제**(헬라어로 코이노니아)라는 단어는 서로 나누고 돕는다는 뜻이다. 교제란 내가 하나님께 받은 것을 돌봄과 도움의 선물로 당신에게 전하고, 당신도 똑같은 반응으로 돌봄과 도움의 선물을 내게 주는 것이다. 그래서 이제 우리가 공유한 결속과 유익은 각자가 처음에 가졌던 것보다 많아진다. 이런 주고받기는 성령으로부터 오는 교통하심이다. 바울은 고린도후서 13장 13절에서 우리가 주 예수님으로부터 오는 은혜, 하나님 아버지로부터 오는 사랑과 더불어 그것을 늘 누리기를 위해 기도했다. 우리도 똑같이 기도한다. 이런 교제를 통해 우리는 늘 교회 안에서 중요한 목양을 서로 베풀기도 하고 받기도 한다. 어떤 사람들은 교회 생활을 일정한 반복과 일관된 예의 때문에 매주 기분이 좋아지는 안전지대로만 생각한다. 그들은 꾸준히 예배를 드리면서도 위에서 말한 공동생활의 속성을 놓칠 수 있다. 교회라는 기관에 충실함에도 불구하고 진정한 그리스도인의 연합—그리스도 안에서 그리스도의 모든 사람과 함께 누리는 연합—

을 아직 전혀 표출하지 못하는 것이다. 안타깝게도 이런 사람들은 진정한 교회 생활에 방해가 된다.

셋째, **교회들 간에 서로 도와야 한다.** 교회들이 서로를 그리스도 안에서 하나로 연합된 존재로 본다면, 마땅히 서로 지원할 준비가 되어 있어야 한다. 물론 구체적인 방법은 지역교회의 필요에 따라 달라질 것이다. 예루살렘의 유대인 그리스도인들이 빈곤에 처하자 바울은 자신이 세운 교회들로부터 구제 헌금을 모았다. 그 교회들은 주로 이방인들로 이루어져 있었다. 그는 이런 나눔을 그리스도 안의 연합의 표출이자 그리스도께 대한 감사의 표출로 보고 중요한 일로 여겼다(참조 행 24:17, 롬 15:25-28, 고전 16:1-4, 고후 8-9장). 이런 식의 동역과 도움은 연합을 드러내주고, 복음을 증진시키며, 하나님을 영화롭게 한다. (성공회의 교구 제도도 본래 이를 촉진하기 위한 것이다. 비록 그런 노력이 늘 성과와 신임을 얻는 것은 아니지만 말이다.)

넷째, **성만찬의 식탁을 개방해야 한다.** 성찬을 나누는 일은 정규 공예배의 한 행위로 주 예수께서 제자들에게 명백히 요구하신 것이다(고전 11:23-25). 교회 방문객들도 각자의 소속 교회에서 자격을 갖추었다면, 마땅히 우리는 그들을 성만찬에 환영해야 한다. 그리하여 방문 중인 교회의 교인들과 함께 그리스도인의 연합을 표현하게 해야 한다. 바울 일행도 예루살렘에 가는 길에 드로아 교회에서 성만찬에 환영받아 함께 빵을 뗐다(행 20:7-12). 흔히 말하듯 이것은 우리의 식탁이 아니라 정말 주님의 식탁이다. 소속 교회에서 성만찬에 참여하기에 적합하다고 인정된 사람이라면 우리는 누구나 환대해야 한다. 그들의 교회도 그리스도 안에서 우리와 연합되어 있다. 하나님의 진리와 영광을 지키려는 열심 때문에 다른 교단의 사람들에게 식탁을 개방하지 않는 사람들도 있다. 그들의 열심은 존중할 만하지만, 이는 그리스도 안의 연합을 표현하기보다 오히려 흐려놓는 일이다. 현대 성공회는 이 부분에서 바른 입장을 취하고 있으며, 복음주의 진영도 거의 예외 없이 전반적으로 그렇게 하고 있다.

그리스도인의 연합과 성공회의 연합

종교개혁 시대에 영국국교회(성공회)는 범교회적으로 공인된 신경들(사도신경, 니케아-콘스탄티노플 신경, 아타나시우스 신경)과 나란히 39개 신조를 자국의 신앙 원칙으로 천명했고, 성경적으로 신중히 개혁한 『공동 기도서』를 내놓았다. 이는 성공회가 관료적 종교개혁(정부의 관여를 수용한 전통적 국가교회 성격의 개혁으로 루터, 칼뱅, 츠빙글리 등이 이에 해당되며, 정부의 관여를 일체 배제한 재세례파 등의 급진적 종교개혁과 대비된다-역주)을 이룬 다른 모든 교단과 그리스도 안에서 연합해 있음을 확고히 하려는 조치였으며, 이후 3백 년 동안 모든 교단이 이 연합을 사실로 인정했다. 그런데 성공회의 신생 천주교파에서 사도직을 승계하는 주교직—천주교에서 말하는 교황처럼—이 없이는 그리스도 안의 연합이 불완전하다고 주장하면서, 이후 1백 년 동안(19세기 중반부터 20세기 중반까지) 물이 얼마간 흐려졌다. 하지만 이 개념은 요란한 선전에도 불구하고 결코 성공회의 표준 가르침에 들지 못했다. (공식적으로 성공회는 주교 제도를 하나님이 존중하시는 목양과 지도와 감독의 제도이자 과거 기독교와의 가시적 연결 교리로 존중하는 데서 그치며, 따라서 그것을 버리는 것은 무의미하고 오도의 소지가 있다.) 후발 성공회 관구들은 복음주의와 성공회 천주교파의 헌신적 선교 사역의 열매인데, 이 관구들 또한 역사적으로 규정된 성공회 교리라는 주류 내에서 성장하여 이미 성년에 이르렀다. 그 교리가 오늘날까지도 세계 성공회의 표준 교회법으로 남아 있다. 이것이 성공회 그리스도인의 연합을 이루는 공식 골격이다.

그런데 지난 반세기 동안 자칭 자유주의 신학이 출현했고, 북미의 경우 미국과 캐나다 양쪽 모두에서 그것이 우위를 점했다. 자유주의 신학은 성경의 권위, 삼위일체, 성육신, 속죄, 그리스도의 부활과 통치와 재림, 그리스도를 통한 개인의 구원, 교회의 사명인 거룩함과 전도 등을 성공회의 역사적 개혁 교리에 일치되는 방식으로 인정하지 않는다. 또한 복음의 유일성을 축소하며, 범신론이나 만유내재신론 성격의 주요 타종교―우선 힌두교, 시크교, 일부 형태의 불교―와 동화하려 애쓴다. 그러다 보니 당연히 보수 기독교 신앙을 향해서는 노골적인 적대감을 고수하고 있다.

이런 수정주의가 북미 성공회 신학교들에서 득세했고(지금도 그래 보인다), 그리하여 견고해 보이던 성공회 그리스도인의 연합을 한 세대도 더 전에 보기 좋게 무너뜨렸다. 지금도 수정주의는 전체적으로 세상을 미화하여 교회에 흡수하고 있고, 특수하게는 동성간 결합을 더 이상 창조 질서의 위반과 제한구역으로 보지 않고 교회가 축복해야 할 거룩한 모습으로 둔갑시키고 있다. 수정주의를 배격하는 성공회 교인들이 보기에 이는 죄를 거룩히 여기는 처사이며, 회개가 필요한 한 부분(참조 고전 6:9-11)을 제거하여 복음을 불구로 만듦으로써 영혼들을 위험에 빠뜨리는 일이다. 전 세계 성공회의 수많은 생각 깊은 사람들이 사태를 깨닫고 충격을 받아 여기에 단호히 대항했다. 그들의 동기는 동성애 공포증이 아니라 목회적 긍휼이다. 그 결과의 일환으로 교구의 재편성이 시작되어 지금도 진행 중이다.

이 모든 와중에도 여전히 분명하고 확실한 사실이 있다. 우선 그리스도인의 연합의 출발점은 성경의 권위와 예수 그리스도에 대한 진리다. 성경이 그 진리를 가르치고 있고, 성경을 고스란히 담아낸 교부들의 신경들과 종교개혁의 고백들도 그 진리를 규명하고 있다. 그런데 오늘날 수정주의자들은 하나님과 복음을 변질시켜 그리스도인의 연합을 무너뜨리고 있다. 끝으로 이 연합을 회복하려면 성경의 교리를 초문화적 진리로, 성경의 행동 기준을 불변의 권위로 다시 받아들이는 길밖에 없다. 바로 이런 견지에서 우리는 우리 시대에 그리스도인의 연합을 재건하기 위해 기도하고 노력해야 한다.

주여, 우리를 불쌍히 여겨주소서.
(화답) 그리스도여, 우리를 불쌍히 여겨주소서.
주여, 우리를 불쌍히 여겨주소서.
(화답) 아멘.

연구 및 토의 질문

1. 교회에 다니는 사람들이 그리스도인의 연합의 중요성을 충분히 인식하고 있다고 보는가? 아니라면 왜 아닌가?

2. 그리스도인의 연합은 기독교 정통교리, 교회 연합, 그리스도인의 교제 등과 각각 어떤 관계가 있다고 보는가?

3. 당신의 교회에서 어떻게 그리스도인의 연합을 증진할 수 있겠는가?

4. 당신의 교회와 가장 가깝게 연결된 교회들 사이에 어떻게 그리스도인의 연합을 추진할 수 있겠는가?

5. 동성간 결합을 축복하는 일이 그리스도인의 연합을 깨뜨린다는 말에 동의하는가? 동의한다면, 그것을 부정하는 사람들에게 어떻게 답하겠는가? 반대로 동의하지 않는다면, 정말 그것이 연합을 깨뜨린다고 보는 사람들에게 어떻게 답하겠는가?

6. 그리스도인의 연합을 개인적으로 실천하는 데 있어 가장 중요한 요소들은 무엇이라고 보는가?

4
회개에 진지하라

Taking Repentance Seriously

이 글을 쓰는 지금, 세 가지 선언이 내 마음속에 고동치고 있다. 첫째는 이번 장의 제목 그대로 회개에 진지해져야 한다는 부름이다. 둘째는 500년 전(1517년) 유럽에 종교개혁의 불씨를 당긴 루터의 95개조 반박문 중 제1조다. "우리 주 예수 그리스도께서 '회개하라'고 하신 말씀은 신자의 삶 전체가 회개하는 생활이되어야 한다는 뜻이다." 셋째는 그리 멀지 않은 과거에 출간된 『교회는 먼저 회개해야 한다』(*The Church Must First Repent*)라는 책 제목이다[에드윈 오어(Edwin Orr)]가 1937년에 간행한 책이다–역주).

이 세 가지 선언을 합해놓으면 그 속에 다분히 내가 말하려는 내용이 들어 있다.

회개는 기본이다

하지만 그것을 어떻게 말할 것인가? 어디서부터 시작할 것인가?

문제는 회개에 대한 가르침과 말과 생각이 기독교 이후의 일반 세상에서만 아니라 교회 사람들의 삶에서도 사실상 사라졌다는 것이다. 예배 중에 "회개, 회개하다(repent)"라는 말을 종종 듣기는 하지만 그 말은 우리에게 분명한 뜻이 없다. 사실 우리 대부분은 그 말에 담긴 의미를 잘 모른다. 우리는 회개에 대한 설교를 듣는 일도 별로 없고(한번 기억을 더듬어보라), 회개와 관련해 대화를 나누는 일도 별로 없다. 19세기의 섹스와 20세기의 죽음처럼 회개는 중대한 터부가 되었다. 많은 이들이 듣는, 그마나 거기에 가장 가까운 것은 "결혼을 서두르면 두고두고 후회한다(repent)"라는 떨떠름한 속담이다. 아마 우리가 꽤 잘 아는 말일 것이다. 여기 "후회한다"는 말은 "그러지 말았어야 했는데"라는 뜻이다. 회개에 대한 우리의 사고는 그 수준을 벗어나지 못한다.

다음 몇 가지 사실을 깊이 생각해볼 때 그것은 기막힌 일이다.

1. 성경에서 복음의 전파는 회개의 부름으로 시작되었다

성경에서 보듯이 세례 요한의 메시지는 처음부터 "회개하라 천국이 가까이 왔느니라"(마 3:2)였다. 요한이 감옥에 갇힌 뒤 예수께서도 "비로소 전파하여 이르시되 '회개하라 천국이 가까이 왔느니라' 하"셨다(마 4:17). 제자들도 예수님의 보냄을 받고 첫 전도에 나갔을 때 "회개하라 전파"했다(막 6:12). 예수님은 부활하신 날 저녁에 제자들에게 나타나셔서 "그들의 마음을 열어 성경을 깨닫게 하시고 또 이르시되 '이같이 그리스도가 고난을 받고 제삼일에 죽은 자 가운데서 살아날 것과 또 그의 이름으로 죄 사함을 받게 하는 회개가…모든 족속에게 전파될 것이 기록되었으니'"라고 하셨다(눅 24:45-47, 보다시피 회개 없는 죄 사함이 아니다!). 오순절 날 아침에 베드로가 성령의 능력으로 설교하자, 무리가 마음에 찔려 이제 자기들은 어떻게 해야 하느냐고 그의 말을 끊고 물었다. 그때 베드로가 대답한 첫 마디가 "너희가 회개하여"(행 2:38)였다. 바울은 자신이 에베소에서 한 장기간의 사역을 "유대인과 헬라인들에게 하나님께 대한 회개와 우리 주 예수 그리스도께 대한 믿음을 증언한 것"(행 20:21)이라 표현했다(역시 회개 없는 믿음이 아니다!). 아그립바 왕에게 증언할 때도 그는 자신이 모든 사람에게 "회개하고 하나님께로 돌아와서 회개에 합당한 일을 하라"고 전했을 뿐이라고 했다(행 26:20). 고대 세계의 지적 수도였던 아테네에서도 그는 아테네 최고의 지성인들이 모인 아레오바고에서 "하나님이…이제는 어디든지 사람에게 다 명하사 회개하라 하셨으니"라고 말했다(행 17:30). 이처럼 회개는 요한, 예수님, 베드로, 바울의 전파에서 기본이 되었다. 베드로의 마지막 편지에 묘사된 예수님은 "아무도 멸망하지 아니하고 다 회개하기에 이르기를 원하시"는 분이다(벧후 3:9). 요컨대 회개는 우리 주 예수 그리스도의 목적과 복음에서 중심을 이룬다. 이는 우리가 반드시 직시해야 할 사실이다.

2. 16세기의 종교개혁도 회개의 부름으로 시작되었다

성공회 『공동 기도서』의 윤곽을 결정지은 신학은 종교개혁 신학이다. 우리가 늘 들은 대로, 이 신학의 핵심은 믿음의 개념을 수정한 데 있다. 이제 믿음은 단지 신경을 믿는 것이 아니라 이를 바탕으로, 우리 죄를 위해 십자가에 달려 죽으시고 부활하신 주 예수 그리스도를 통해 하나님이 약속하신 용서와 평안에 자신을 의탁한다는 뜻이 되었다. 이 의탁은 곧 그리스도 자신을 받아들이는 일이다. 이렇게 우리가 그분을 붙들 때 그분은 우리를 받아주시고, 믿음은 새로운 삶인 순종하는 제자도의 원천이 된다. 개혁자들의 말대로 이런 의탁이 없이는 믿음도 없다. 인정만 있고 헌신이 없다면 그것은 믿음이 아니다. 루터의 영향권에서는 이 개혁 신학이 칭의의 교리로 불렸지만, 헨리 8세와 에드워드 6세 시대의 영국에서는 이것이 실제로 믿음의 교리로 불렸다.

여기서 내 요지는, 종교개혁 신학이 회개의 개념을 수정했다는 말도 똑같이 정당하다는 것이다. 그전까지만 해도 회개는 적절히 뉘우치며 사제에게 죄를 고해하고, 사제로부터 사죄 선언을 받고, 사제가 '속죄 행위'(징계)를 부과할 경우 그것을 수행한다는 뜻이었다. 그러나 종교개혁 사상에서는 믿음과 회개가 하나로 결합되어, 동전의 양면처럼 서로 맞붙어 있다. 이제 회개는 수시로 포괄적으로 죄에서 돌아서서 의롭게—복음이 요구하는 의는 믿음으로만 가능하다—그리스도를 섬기는 것이 되었다. 서두에서 인용했듯이 루터가 그것을 주옥같은 말로 역설했다. 『공동 기도서』의 주요 입안자인 토머스 크랜머(Thomas Cranmer) 대주교는 1549년에 동일한 개념을 이렇게 부연설명했다. "모든 죄는 하나님께 대한 죄이므로 복음

(*Evangelice*)에 따른 회개란 죄에 대하여 품는 구원(*salutaris*, 건강)에 이르는 슬픔이며, 그리스도를 통해 용서를 얻으리라는 희망과 그리스도의 도움으로 삶을 고치려는 목적이 수반된다"[애쉴리 널(Ashley Null) 작 『토머스 크랜머의 회개 교리』(*Thomas Cranmer's Doctrine of Repentance*, Oxford: Oxford University Press, 2000, 237, 주 100)에 나오는 크랜머의 라틴어 표현을 내가 번역한 것이다]. 개혁자들의 말대로 자신의 행실을 고치려는 진지한 노력이 없다면 참된 회개가 아니다. 아무리 가슴을 치며 슬퍼하고 고해하고 후회하고 뉘우쳐도 그것만으로는 회개에 미치지 못한다. 이렇듯 회개는 종교개혁에 충실한 우리의 기독교관에서도 중심을 이룬다. 이 또한 우리가 반드시 직시해야 할 사실이다.

3. 성공회 전례서 예배도 회개의 부름으로 시작된다

"성공회 전례서 예배"는 여러 버전의 크랜머 『공동 기도서』(초판 1549년, 2판 1552년)와 영국의 고전이 된 1662년 개정판을 두루 포괄하는 표현이다. 1962년에 간행된 캐나다 『공동 기도서』는 사실 1662년판을 약간 첨삭하고 수정한 것이다. 이런 『기도서』를 사용하는 모든 예배의 목표는 두 가지다. 하나는 하나님의 영예와 영광이고, 또 하나는 예배자들의 성화, 즉 거룩한 삶의 형성이다. 성화의 기초는 그리스도를 믿음으로 죄 사함을 받는 것과 회개를 평생의 생활방식으로 받아들이는 것이다. 그래서 매일의 성경 예배인 아침 및 저녁 기도는 죄의 고백으로 시작되며, 이 고백은 다음과 같은 말로 끝난다. "**참회**[즉 회개]하는 이들을 회복시켜주소서. 우리 주 그리스도 예수 안에서 인류에게 선포하신 아버지의 약속대로 하소서. 한없이 자비로우신 아버지여, 아버지의 거룩하신 이름의 영광을 위하여 이제부터 우리가 경건하고 의롭고 깨어 있는 삶을 살게 하소서"(강조 추가, 이하 동일). 이에 대한 화답으로 이어지는 사죄 선언에는 이런 내용이 선포된다. 즉, 우리는 "이제부터 남은 삶이 순결하고 거룩해져 마지막 날 우리 주 예수 그리스도를 통해 그분의 영원한 기쁨에 들어갈 수 있도록" 하나님께 "참된 **회개**와 그분의 성령을 주시도록" 구해야 한다.

성찬식 예배는 두 단계로 이루어지는데, 준비 단계는 우리의 마음을 정결하게 하여 "주님을 온전히 사랑하게 해주시고", 하나님의 율법을 우리의 마음에 새겨달라는 기도로 시작된다. 성찬식 자체는 "참으로 진실하게 자신의 죄를 회개하는" 사람들을 향한 초청으로 시작되어 죄의 고백으로 이어진다. 고백의 핵심은 다음과 같다. "우리는 진실하게 **회개**하며 우리의 이런 잘못을 진심으로 슬퍼하나이다…지나간 모든 일을 용서하소서. 이제부터 새로운 삶으로 주님을 기쁘시게 하고 섬기게 하소서. 그리하여 주님의 이름을 영화롭게 하고 높이게 하소서."

이어지는 사죄 선언의 기도에서 우리가 부르는 하나님은 "진실한 **회개**와 참된 믿음으로 그분께 돌아오는 모든 이에게 크신 자비로 죄 사함을 약속하신 우리의 하늘 아버지"이시다. 크랜머 전례서의 첫 부분인 연도(連禱)에서도 우리는 하나님께 이렇게 구한다. "우리에게 참된 **회개**를 주소서. 태만과 무지까지 모든 죄를 용서하소서. 성령의 은혜를 부어주소서. 주의 거룩한 말씀대로 우리의 삶을 고쳐주소서."

아울러 『공동 기도서』에는 "재의 수요일 등 다른 때를 위한 참회 예배"도 들어 있다. 이런 예배 때에는 "참으로 우리의 죄를 **회개**하오니 주님의 온전한 용서와 해방을 얻게 하소서"라고 기도한다. 이렇듯 회개는 성공회의 공인된 전례서 전체에 더할 나위 없이 강조되어 있다.

반면에 캐나다의 『대안 예배서』(*Book of Alternative Services*, Toronto, Canada: Anglican Book Centre, 1985)에는 신앙의 기본인 회개가 강조되지 않고 굉장히 약해져 있다. 실로 유감스러운 일이다. 하지만 이 책에도 회개는 여전히 남아 있다. 세례식 후의 "참회자 교회 복귀"(pp. 166-72) 부분과 "성찬식 참회 의식"(pp. 216-17) 부분만 얼른 보아도 알 수 있다.

그러나 지금까지 살펴본 바 결론은 이것이다. 우리 세대의 교회 출석자들은 회개를 거의 모르고 있으며, 역사적 성공회의 기준으로 볼 때 영적으로 피상적이고 신앙적으로 매우 빈약한 상태다. 『공동 기도서』의 기독교는 성경의 기독교이고, 성경의 기독교는 믿음 못지않게 회개에 기초하고 있다. 오늘 우리는 거기에 형편없이 못 미친다. 그래서 우리는 이 주제를 원점에서부터 다시 심사숙고해야 한다. 그러려면 먼저 거룩하신 주 하나님에게서 죄의 본질부터 배워야 한다.

인간 조건

앞에 인용한 신약의 본문들에서 보듯이 회개의 **대상은 하나님**이다. 또한 『공동 기도서』에서 보듯이 회개의 내용은 우리가 용서받으려는 죄, 곧 **잘못**이다. 여기에는 작위와 부작위의 죄가 모두 포함된다. 성경의 내용 전체를 하나로 묶고 있는 큰 이야기—요즘의 표현으로 메타내러티브—에 따라 우리는 그 잘못을 다음과 같이 이해해야 한다. 하나님은 인간을 자신의 형상대로 지으셨다. 그분을 향한 그리고 우리 서로를 향한 우리의 행동에 사랑과 정의, 진실성과 신뢰성, 일의 창의력과 기쁨 등 그분의 성품이 반사되어야 한다는 뜻이다. 그런데 우리를 도덕적·영적으로 타락시키는 우리 안의 세력과 그 배후에 있는 타락한 지성적 마귀가 우리 안에 있는 그분의 형상을 훼손시켰다. 그래서 이제 우리는 하나님으로부터 소외되었고, 본연의 모습이 흉측하고 악하게 일그러졌다. 성경은 이렇게 하나님의 형상을 훼손시키는 세력 자체와 그것의 다양한 표현 방식을 통틀어 죄라 부른다. 하지만 구속자 그리스도를 통해 우리는 새롭게 창조될 수 있다. 지금 여기서 하나님과의 교제를 회복할 수 있고, 하나님의 형상을 되찾는 길에 들어설 수 있다. 그리스도처럼 사는 법을 배우면 된다. 넓은 의미에서 회개란 사고와 목적과 태도와 행동이 바뀐다는 뜻이다. 즉, 우리를 향한 하나님의 자비의 계획을 받아들이고, 하나님 행세를 하며 하나님과 싸우던 옛 생활에서 돌아서는 것이다. 겸손과 감사로 그분을 섬기며 새로운 삶을 사는 것이다. 그래서 회개는 전인적인 일이다. 자기중심적이고 이기적인 습성이 하나님 중심적이고 남의 유익을 구하는 습성으로 바뀌고, 교만과 아집이 기도와 예배에 밀려난다.

그러나 그 새로운 삶의 틀 안에서 이제 회개의 각 행위는 구체적이다. 나는 나 자신의 특정한 허물, 결점, 잘못된 행동, 나쁜 습관 등을 분별한다. 그리고 그리스도의 속죄를 통해 하나님께 용서해달라고 구한다. 아울러 그 습성을 끊고 이제부터 달라져 다시 죄에 빠지지 않도록 도움을 구한다. 동시에 과거의 내 잘못으로 발생한 관계적, 물질적 피해를 최대한 배상한다. 이것이 우리가 살펴보려는 회개의 실체다. 성경과 『공동 기도서』도 우리를 주 예수의 이름으로 그 회개로 부르고 있다.

회개의 실체를 더 명확히 알려면 죄에 대해 더 말해야 한다. 미리 경고하거니와 다음 몇 문단에 확언할 내용은 더러 당신에게 믿지 못할 충격으로 다가올 수 있다. 그 이유는 죄의 기만성(이에 대해서는 잠시 후에 살펴볼 것이다) 때문에 우리가 자신을 거의 모르고 있기 때문이다. 서구 문화는 심리치료 지향적이며 기독교적 관점을 다분히 잃어버렸다. 그러다 보니 우리는 자신을 타인과 비교하는 데서 그친다. 하지만 그런 비교는 불가피하게 외면에 그치며, 행동적 차원을 벗어나지 못한다. 기본적으로 우리는 자신이 선하며 일부 지인들보다 당연히 낫다고 생각한다. 마음을 살피시며 말 그대로 속속들이 아시는 거룩하신 하나님의 눈에 자신이 어떻게 보일지는 알 턱이 없다. 병원의 컴퓨터 단층촬영기가 우리 몸의 내부를 의사에게 보여주듯이, 창조주의 눈은 우리의 심령을 정밀 검사하여, 실제로 우리를 조종하는 모든 생각과 동기와 꿈과 충동과 욕망과 공상과 미움과 적의와 비열함을 드러내신다. 거기에는 우리가 엉성하게 알고 있는 부분과 누구한테 지적받기 전에는 전혀 모르는 부분도 있다. 나는 팔딱팔딱 뛰는 내 심장을 스크린으로 처음 보았을 때 충격을 받았다. 그러니 온갖 사악한 모습이 들끓고 있는 자신의 마음(내면의 심령)을 조금이나마 하나님이 보시듯이 본다면, 역시 우리는 매번 충격을 받을 것이다. 하나님은 우리를 보시고 무조건 겉치레로 좋게 말씀하시는 분이 아니다. 교만 때문에 우리는 처음에는 우리 자신에 대한 그분의 진단을 받아들이기 힘들다. 그러나 겸손하고 정직하다면 결국은 받아들일 것이다. 그분의 말씀이 옳고 그분의 진단이 사실이라는 확신이 들 테니 말이다.

흔히 성경에 "죄"로 번역된 히브리어와 헬라어의 여러 어휘에는 과녁을 빗나가거나, 기준에 미달되거나, 권위에 불복하거나, 사람들 앞에서 부정하다는 개념이 담겨 있다. 즉, 우리는 그분의 기준에 미달되고, 그분의 과녁을 빗나가고, 그분의 길을 저버리고, 그분의 법을 어기고, 그분의 권위에 도전하고, 그분의 정함을 더럽히는 것이다. 하나님의 성품과 뜻이 죄를 판단하는 진정한 척도다.

죄의 길은 하나님을 위해 살지 않고 자신을 위해 사는 길이다. 창조주를 무시한 채 자아를 사랑하고 섬기고 기쁘게 하는 길이다. 그분에게서 독립하여 그분을 멀리하고, 삶의 고삐를 자신의 손으로 틀어쥐려는 길이다. 그러면서도 자신의 목표를 이루는 수단으로 그분을 조종하고, 문제에 빠질 때 그분을 안전장치로 이용하려는 길이다. 죄는 정말 우리 안에 있는 마귀의 형상이다. 하나님께 반항하여 스스로 높이지는 교만은 우리의 것이기 전에 먼저 마귀의 것이었다(딤전 3:6). 하나님은 우리와 교제하기 원하시고 우리의 예배를 받기 원하신다. 죄는 그런 하나님에게서 벗어나는 일이다. 죄는 하나님을 중심에 두는 게 아니라 자아에 함몰된다. 어거스틴은 인간의 자아가 자신을 향해 굽어 있다고 말했다(*homo incurvatus in se*). 하나님과 그분의 법에 대한 선천적 반감을 역사적 명칭으로 **원죄**(*peccatum originale*, 역시 어거스틴이 지어낸 표현이다)라 한다. 성경에는 나오지 않지만 더없이 적합한 명칭이다. 이 성향을 최초의 인간으로부터 물려받았다는 의미로 보아도 그렇고, 그냥 우리가 생성되는 순간부터 그것이 우리 안에 있어 모든 죄의 행위가 거기서 비롯된다는 의미로 보아도 그렇다. 성경에 따르면 인류의 죄성은 철저히 만인 보편이다. "범죄하지 아니하는 사람이 없사오니"(왕상 8:46). "유대인이나 헬라인이나 다 죄 아래에 있다고 우리가 이미 선언하였느니라…의인은 없나니 하나도 없으며…선을 행하는 자는 없나니 하나도 없도다…모든 사람이 죄를 범하였으매 하나님의 영광에 이르지 못하더니"(롬 3:9-12, 23). 모든 인간은 하나님 보시기에 유죄이며 부정하다.

우리 안에 있는 죄의 정신은 창조주와의 관계만 붕괴시키는 게 아니라 인간 사회도 붕괴시킨다. 하나님을 사랑하지 않는 자만심은 이웃을 사랑하지 않는 자만심을 낳는다. 불신앙은 비인간성을 낳는다. 죄가 퍼지면 사회가 고통당한다. 이런 붕괴의 전형적 모습을 보여주는 바울의 세 가지 서글픈 목록을 생각해보라(롬 1:26-31, 갈 5:19-21, 딤후 3:2-4). 아울러 예수께서 인간의 마음에서 나와 사람을 더럽게 한다고 지적하신 것들의 목록도 생각해보라(막 7:20-23). 이런 말씀들에 열거된 모든 항목을 오늘날 서구 사회에서 그대로 볼 수 있다.

요컨대 죄란 하나님 앞에서 우리의 본성적 상태를 가리키는 명칭으로, 반항과 부정과 정죄와 예속을 뜻한다. **반항**이란 우리 모두가 날마다 어떤 식으로든 하나님을 적의, 도전, 회피, 비하, 무시, 거역으로 대한다는 뜻이다. **부정**이란 우리 모두가 하나님 보시기에 불결하다는 뜻이다. 쉽게 말해서 우리는 더러운 존재다. 그분께 거슬려 용납될 수 없고, 그분과 교제할 자격이 안 된다. **정죄**란 우리 모두가 재판장이신 하나님 앞에 유죄한 반역자로서 하나님께 심판받을 순간만 기다리고 있다는 뜻이다. **예속**이란 우리 모두가 본성적으로 죄의 권세 아래 있다는 뜻이다. 굴레나 중독으로 표현할 수도 있다. 하나님과 이웃을 조건 없이 전심으로 사랑함이 마땅하지만, 우리 안에는 그런 사랑이 없다. 이 예속에서 벗어나려면 믿음과 회개를 통해 주 예수님과 관계를 맺어야만 한다. 그 관계가 용서를 가져다주고 우리의 마음을 새롭게 한다.

지금까지 우리가 인간의 상태를 살펴본 것처럼 회개란 바로 그 틀 안에서 이해되어야 한다. 개인적 회개도 그렇고 공동체적 회개도 그렇다. 보다시피 회개는 한순간의 후회와 뉘우침 위에 한마디 사과의 말을 얹는 것으로 그치지 않고, 언제나 그 이상이다. 회개의 핵심은 언제나 잘못을 버리고 돌아서서, 다시는 그 잘못된 상태에 빠지지 않게 해달라고 하나님께 진정으로 구하는 것이다. 이런 사고가 우리를 인도한 영적 실존 세계는 보다시피 죄와 은혜의 세계다. 죄는 우리를 망하게 하고, 하나님의 사랑을 누리는 기쁨을 영영 모르게 한다. 그리스도께서 우리를 구원해주셔야만 한다. 은혜는 그리스도의 죽음과 부활과 그분의 선물인 성령을 통해 우리를 유죄 상태와 죄의 권세로부터 구한다. 이제 나는 성경이 말하는 죄와 은혜의 세계에 분명히 닻을 내린다. 처음부터 나의 항해는 이곳을 향해 왔고, 미리 밝히거니와 이번 공부가 끝날 때까지 그 안에 남아 있을 것이다.

개인적 회개: 습관 그리고 싸움

"행동을 심으면 습관을 거두고, 습관을 심으면 성품을 거두고, 성품을 심으면 운명을 거둔다." 이 격언이 여기에 그대로 적용된다. 회개라는 행위는 모든 그리스도인의 삶에서 하나의 습관이 되어야 하고 성품의 표지가 되어야 한다. 지금부터 그 내용을 살펴볼 것이다.

개인적 회개의 공식 정의는 성경에도 없고 『공동 기도서』에도 나오지 않는다. 하지만 17세기 중반에 웨스트민스터 총회에서 작성된 『소요리문답』(Shorter Catechism)에 다음과 같은 유서 깊은 정의가 나온다. 이 총회는 구성원의 90퍼센트가 성공회 성직자였다. "생명에 이르는 회개는 구원의 은혜다. 이로써 죄인이 자신의 죄를 바로 알고 그리스도 안에서 하나님의 자비를 깨달아 죄를 슬퍼하고 미워하며, 그 죄에서 떠나 하나님께 돌이켜 굳은 결의와 노력으로 새롭게 순종하는 것이다." 87번 문항의 답으로 제시된 이 정의에 우리가 지금까지 말한 모든 내용이 압축되어 있다. 이것은 그리스도인의 평생에 반복되는 모든 회개에 똑같이 적용된다. 모든 회개의 행위는 "생명에 이르는" 회개이기 때문이다. 참회자들도 알다시피, 구원을 얻으려면 죄를 버려야 한다는 의미에서 그렇다. 이제부터 말할 내용은 이 정의를 출발점으로 한 것이다.

회개도 죄처럼 마음의 갈망으로 시작된다. 겸손히 하나님께 나아가려면 『공동 기도서』의 표현대로 "**마음에서 우러난** 회개와 **참된** 믿음"이 요구된다. 중생한 심령은 전쟁터다. 성령께서 하나님을 기쁘시게 하려는 갈망을 주시지만, 한편에는 자아를 기쁘게 하려는 비뚤어진 갈망이 남아 있다. 이 둘이 끊임없이 싸운다. 내면의 죄는 우리를 기만하여, 막상 악을 저지르기까지는 악을 잘 느끼지 못하게 한다. (이런 전형을 창세기 3장에 나오는 타락의 이야기에서 볼 수 있다. 아울러 로마서 7:11과 히브리서 3:13도 참조하라.) 바울은 "유혹의 욕심"(기만적 갈망, 엡 4:22)을 버려야 한다고 했다. 죄는 사고를 마비시킨다. 죄는 현란한 미끼를 던져 어찌나 우리를 매혹하는지 이성과 양심이 끼어들 틈이 없다. (나중에야 우리는 "미처 **생각**을 못했다. 순간적으로 **무심코** 그런 행동이 나왔다"고 말한다. 얼마나 맞는 말인가.) 사람을 이용하고, 규정을 조작하고, 책임을 회피하고, 호의를 거두고, 원한을 품어 복수를 꾀하는 것은 다 죄다. 이런 죄들은 사고 기능이 대체로 마비

되어 있음을 보여준다. 음주와 마약과 탈진 등도 그런 상태의 우려스러운 원인이 될 수 있다.

죄의 솔깃한 감언이설에 습관적으로 굴하면 우리의 눈이 멀고 마음이 완악해진다. (성경의 이 은유에 대해서는 다시 히브리서 3:13을 보라. 아울러 에베소서 4:18-19, 디모데전서 4:2도 참조하라.) 이런 과정을 통해 사람은 자신이 행하려는 특정한 일이나 자신이 빠져 있는 태도—교만, 불경함, 사랑하지 않음, 냉혹함, 미움, 경멸, 부정직, 거짓 등—에 대해 양심의 기능이 마비된다. 이렇게 습관적으로 양심을 거스르다 보면 머잖아 양심이 죽는다. 그리하여 영적으로 눈멀고 완악한 상태가 굳어진다.

대책을 취하려면 사고와 기도와 말씀 묵상이 필요하다. 또 동료 신자들과 가깝게 지내며 서로 투명해져야 한다. 아울러 어떤 식으로든 자신의 잘못을 깨닫는 순간 반드시 회개해야 한다. 회개할 때는 하나님께 정식으로, 솔직하고, 철저하고, 명확하게 해야 한다. 이런 여러 가지 대책을 통해 우리는 죄가 더 이상 공격해오지 못하게 방벽을 치는 것이다. 전투는 계속된다.

꾸준한 자기성찰의 습관을 기르면 이 부분에서 현실성을 잃지 않을 수 있다. 자기성찰이란 만물을 꿰뚫어보시는 하나님의 눈앞에 자신의 이력이 어떠한지, 정기적으로 그분께 자신을 열고 성경을 통해 그분께 배우는 것이다. 시편 기자의 기도가 우리 모두의 모본이다. "하나님이여 나를 살피사 내 마음을 아시며 나를 시험하사 내 뜻을 아옵소서 내게 무슨 악한 행위가 있나 보시고 나를 영원한 길로 인도하소서"(시 139:23-24). 죄는 카멜레온처럼 다양한 모습으로 찾아오며, 자기를 선해 보이도록 꾸민다. 하지만 죄의 뿌리는 언제나 병든 갈망이며, 교회의 오래된 표현으로 과도한 욕심이다. 정기적으로 자신을 점검할 때마다 그런 갈망을 냉철하게 분별하면 도움이 된다. 예컨대 섹스, 먹고 마시는 것, 안락과 편안함 등에 대한 갈망은 육체의 전형적 갈망이다. 그것이 우리를 곁길로 빠뜨릴 수 있다. 또한 이익, 재물과 부, 특정 분야에서의 정복과 지배, 평판과 명예, 고위직의 권력―지도자로서든 아니면 지도자를 비판하고 깎아내리는 비평가로서든―등에 대한 갈망은 정신의 전형적 갈망이다. 그것이 우리를 넘어뜨릴 수 있다. 변변치 않은 자기인식이나마 그것을 바탕으로 우리는 자신의 약점 목록을 작성해놓고 늘 주의해야 한다. 이렇게 자기성찰을 습관화하고 그리스도인의 생활 훈련으로 되찾으면, 그렇지 않을 때보다 내적 싸움에서 죄를 더 잘 이길 수 있다. 여기 우리의 순례 여정에 도움이 되는 지혜가 있다.

이제부터는 이런 내용이 공동체 생활에 어떤 의미가 있는지 살펴보고자 한다.

교회의 상태

우선 첫째로 이것부터 물어야 한다. 우리의 초점을 전 세계 그리스도의 교회 중 어느 부분에 둘 것인가? 현재 지구상의 교회는 매우 크고 다양한 몸체이며, 수많은 문화적 차이와 교리적 차이가 한데 어우러져 있다. 전체 교인 수는 2십억이 넘는다. 대체로 말해서 그 중 12억 5천만은 천주교, 2억 5천만은 동방정교회, 5억은 개신교다. 개신교에도 여러 교단이 있지만 오순절 계통의 보수 복음주의가 주를 이루며, 성공회는 그중 6분의 1쯤 된다. 영어가 공용어이고 잉글랜드와의 문화적 고리가 가장 강하거나 강했던 영국, 캐나다, 미국, 호주, 남아공 등 "옛 서구"의 경우, 자칭 성공회 교인의 약 절반은 교회에 꾸준히 나가지 않고 특별한 날에만 나간다. 따라서 "옛 서구"에서 주일 공예배에 꾸준히 참석하는 사람은 4백만 명쯤 되는 셈이다. 이는 아프리카, 아시아, 남미의 후발 성공회 교회들에서 예배드리는 약 4천만 명의 사람들과 대조를 이룬다. 최근까지만 해도 "옛 서구"가 전체 성공회의 신학적, 목회적, 신앙적 지도자 역할을 했지만 이제 달라지고 있다.

이 책에 실린 글들은 대부분 출처도 그렇고 원래 대상도 다분히 캐나다 성공회였다. 캐나다 성공회는 교세가 약 65만 명으로 미국 성공회의 4분의 1밖에 되지 않으며, 성공회의 독자적 관구로서 그 정신과 스타일과 사회학적 형세가 남쪽의 더 큰 형제인 미국과는 확연히 다르다. 캐나다 자체가 미국과 다르듯이 말이다. 지금부터 다룰 내용은 특별히 캐나다 성공회에 초점을 둔 것이다. 하지만 저자와 출판사가 공히 믿기로 이 내용은 다른 모든 교단들과도 관련이 있다.

한 세기 전의 캐나다 성공회는 지성적, 목회적, 제도적으로 당시의 영국국교회와 현재보다 더 비슷했다. 영국과 마찬가지로 캐나다 성공회에도 복음주의(저교회)와 천주교파(고교회)라는 두 날개가 있었다. 양쪽 다 상대가 자기와 정반대이며, 신학의 제약 때문에 상대의 영적 성장이 막혀 있다고 보았다. 또한 양쪽 다 자기가 누구보다도 교회를 이끌어갈 자격이 더 많다고 생각했다. 복음주의는 천주교파가 성령의 능력을 통한 개인적 회심과 삶을 이해하지 못한다고 비난했고, 천주교파는 복음주의가 교회와 성례와 참된 경건 훈련을 이해하지 못한다고 비난했다. 양쪽 다 신학대학들과 협회들이 있었고, 세력 기반이라 불러도 무방한 것들도 있었다. 양쪽 다 죄로 망가진 인간의 실상과 주 예수 그리스도의 은혜를 통한 구속 및 중생을 각자의 방식대로 명확히 정리했다. 양쪽 다 자기의 성경 해석과 신학 유산이 정확하고 충분하다고 확신했다. 한편 이 둘의 중도파로, 교인들과 지도자들 사이에 고루 다수를 형성한 "광교회"(廣敎會)가 있었다. 이들은 성공회의 전통과 제도에 충실하면서도 양쪽 날개 모두를 편협하고 경직된 극단론자로 보았다(실제로 극단론자도 일부 있었다). 두 진영 중 어느 쪽보다도 이들은 교회의 사회적 책임을 더 강조했고, 개인과 그리스도의 교제는 덜 중시했다.

양 날개를 침묵시키고 중도파의 연대를 확장하려는 진지한 시도들이 얼추 두 세대 전부터 시작되었다. 그것을 주도한 부류는 캐나다 성공회에 필요한 것이 바로 그것이라 믿었다. 그 결과 성공회 기독교는 냉철한 사고를 유지하려는 토론조차 거의 없이 경계선이 애매해지고 말았다. 구체적으로, 성경 비평에서 성경의 권위에 대한 확신을 버렸고, 신경들의 교리 면에서 부정확해졌으며, 그리스도를 믿는 믿음의 삶과 개인의 회개 훈련 면에서 느슨해졌다. 또한 초창기부터 우선시되던 성공회의 교육—성직자의 가르침을 통해 평신도가 기독교 진리의 제반 측면을 평생 배우는 일—에도 소홀해졌다. 천주교의 숨 막히는 권위주의와 연합교회(United Church, 3개 교파가 연합하여 세운 캐나다 개신교단-역주)의 활발한 자유주의의 영향 아래서, 캐나다 성공회는 점점 온화하고 친근감 있고 편안한 스타일로 바뀌었다. 그러나 교리교육, 전도, 영성 계발, 진지한 신학 등에는 점점 관심이 줄어들었다. 그렇게 어언 한 세기가 지났으니 이제 그 많은 실지(失地)를 회복해야 할 때다.

그 한 세기 동안 캐나다는 더 이상 기독교 국가로 자처하지 않고, 자칭 다문화·다종교 국가가 되었다. 국민들의 삶은 기독교의 정박지를 떠나 멀리 표류하고 있다. 성공회의 복음주의와 천주교파는 양쪽 다 꽤 힘을 되찾아, 이제는 대부분의 점에서 서로를 형제와 동맹자로 보고 있다. 그러는 사이에 유해한 형태의 자유주의 신학이 출현했다. 이 신학은 신앙의 역사적 사실들을 개인의 종교적 직관을 담아낸 상징으로 축소시키고, 문화적 표류를 오히려 하나님의 생각과 뜻에 대한 새로운 계시로 받아들이며, 이를 바탕으로 모든 종교가 상호 동화하는 신지학적(神智學的) 신학을 만들어내려 하고 있다. 보호주의와 수정주의의 불가피한 충돌은 동성애의 성윤리 문제를 두고 터졌다. 이는 교회가 캐나다의 현행 일반법에 맞추어 동성간 결합을 인정하고 축복하며 심지어 결혼으로 볼 것인가 아닌가 하는 문제다. 이 문제로 캐나다 성공회는 물론 성공회 전체가 분열되었다. 여기에는 각 입장에 수반되는, 복음에 대한 상이한 개념도 맞물려 있다. 이제 성공회는 다시 빚어져야 한다. 중국어의 완곡어법으로 표현하자면 실로 우리는 재미있는 시대에 살고 있다.

공동체적 회개: 비전

예언서는 구약의 약 4분의 1, 성경 전체의 5분의 1을 차지한다. 대부분의 인쇄판에서 서신서는 약 100페이지, 복음서는 120페이지쯤 된다. 그런데 총 4세기에 걸쳐 기록되었고 66장의 두꺼운 이사야에서부터 한 장뿐인 작은 오바댜에 이르기까지 분량도 다양한 15권의 예언서는 모두 250페이지나 된다. 분량 자체만으로도 그 책들의 중요성을 알 수 있다. 읽어보면 알듯이 예언서의 관심은 미래보다는 훨씬 더 도덕에 있다. 선지자들이 일관되게 말하는 내용은 공동의 죄 때문에 공동체적 회개가 필요하다는 것이다. 요컨대 하나님이 그들을 통해 이스라엘에게 반복해서 들려주신 메시지를 종합하면 다음과 같다.

- **나는 너희에게 언약의 하나님이다.** 내가 너희를 선택하였고, 노예 생활에서 구속하였고, 이 땅을 너희에게 주었으며, 보호와 형통을 약속했다. 나의 이러한 자비를 절대로 잊지 말라.

- 나는 너희의 거룩한 주님이요 재판장이니 너희는 항상 내 율법을 지켜야 한다. (성경에서 "거룩하다"는 말은 하나님의 장엄하고 때로 무서우신 모든 면을 총칭한다. 특히 그분의 무한한 권능, 절대적 정결하심, 흠 없는 정의에서 그것을 볼 수 있다. 인간의 거룩함은 하나님과 교제하는 가운데 율법을 충실하게 지킨다는 뜻이다.)

- 내가 보니 너희는 내 말을 불신하며 불순종하고 있다. 그래서 반드시 내가 너희에게 재앙을 보낼 것이다. 이것은 징벌과 정화를 위한 심판이다. 그 후에 반드시 내가 회개하는 남은 자들을 회복시켜 한 통치자 아래 둘 것이다. 그 통치자는 새로운 다윗이 될 것이다. 너희도 장차 그 복에 동참하고 싶거든 지금 나에게 돌아오라! (구약에서 "돌이키다," "돌아오다"라는 단어는 신약의 "회개하다"라는 단어와 같은 뜻이다.)

신약의 요한계시록 1-3장에 이 모든 내용이 기독교적 정황에서 되풀이된다. 교회의 영화로운 머리이신 우리 주 예수 그리스도께서 요한을 통해 소아시아의 일곱 교회에 공무의 서신들을 보내신다. 서신들은 각 교회의 성취를 평가하고 잘못을 지적한 뒤, 그중 다섯 교회에게 특정한 결점을 회개할 것을 명한다. 그렇지 않으면 그들은 무서운 심판을 면할 수 없다. 그 후에 모든 교회에게 격려가 주어지고, "이기는" 모든 사람에게는 주님과 함께 누리는 영원한 복이 약속된다. "이기는" 사람이란 죄와 오류를 단호히 **거부하는** 사람, 그리스도와 사도들이 준 복음의 진리를 수호하는 사람, 다른 길로 가라는 온갖 설득과 압력에도 불구하고 진리에 충실히 순종하는 사람이다.

성경을 읽으면서 우리는 거듭 자문해야 한다. 불변하시는 하나님이 그 사람(들)에게 하신 말씀이 그거라면, 지금 우리에게 하실 말씀은 무엇이라 결론지어야겠는가? 이 질문을 요한계시록 1-3장에 대입한다면, 거기서 나오는 답은 무엇인가? 전 세계 교회의 태반과 캐나다 성공회의 현 상태로 보건대, 이 순간 주님께서 우리 모두에게 추상같이 "회개하라!"고 명하신다는 추론이 불가피할 것 같다. 그동안 살펴본 내용을 바탕으로 우리는 이 명령에 다음과 같이 약간 살을 입힐 수 있다. 마치 우리 주님께서 성공회—여기에 각자의 교회 이름을 대입하면 된다—와 거기 속한 모두에게 직접 말씀하시듯이 말이다. 물론 우리도 진정 그분의 교회다.

"**나에게로** 돌아오라. 나는 어제나 오늘이나 영원토록 동일하다. 내가 누구이고 어떤 존재인지 복음서에서 그리고 골로새서와 에베소서와 히브리서 같은 서신서에서 새롭게 다시 보라. 요한계시록 1-3장으로 시작하여, 내가 너에게 하려는 말을 민감하게 새로 깨달으라. 너는 내 음성의 반경 밖으로 벗어나 있는 것 같다. 더 가까이 와서 더 귀 기울여 들으라. 내 주권과 권위 아래로 돌아오라. 교회 안에 스며든 모든 교만한 어리석음의 파괴력에 대해 나에게 배우라. 내가 너를 이끌어 거기서 벗어나게 할 테니 나를 따르라.

진리로 돌아오라. 나의 가르침과 성경의 가르침이 곧 진리다. 만인을 위한 진리다. 그 진리를 통해 너는 실재를 발견하고 나를 알게 된다. 보편 진리가 존재하지 않고 삶의 방법에 관한 한 각자의 지식대로 하면 된다는 개념은 포스트모더니즘의 환상이다. 네 기분을 띄워줄지는 몰라도 전적으로 혼미하고 잘못된 생각이다. 내가 팔레스타인에 인간으로 살았고 죄인들을 구원하려고 십자가에 죽었다는 복음의 핵심 진리는 지금까지도 늘 거침돌이 되었고, 앞으로도 늘 그럴 것이다. 하지만 그거야말로 만인이 알아야 할 사실이요 생명의 진리다. 그러니 우선 네 생각부터 회개하라. 유행하는 지적인 우매함을 무분별하게 수용한 지적인 죄를 회개하라. 주변의 이교 세계에서 흡수한 정신적 오류를 고백하고 버리라. 이제부터 새로 나를 따라 하나님의 참 진리에 충실하라.

끝으로, **거룩함으로** 돌아오라. 거룩함이란 늘 죄를 피하고 옳은 길로 가려는 성별(聖別)을 뜻한다. 그러므로 나태, 부주의, 무관심, 시류에 편승함, 건성으로 넘기는 태도, 두 마음, 줏대 없이 세상에 동조하는 행위 등을 단호히 배격하라. 세상의 해이한 기준에서 등을 돌려라. 예컨대 온갖 종류의 무책임한 성적 방종과 문란을 삼가라. 아울러 온갖 종류의 포르노와 은밀한 성적 자극에서 눈길을 돌려라. 그것이 심해지면 방종이 된다. 또 온갖 부정직, 모든 대인관계와 업무 처리에서 정당한 책임을 회피하는 일, 삶 자체의 가치를 떨어뜨리는 온갖 행동에서 마음을 돌이켜라. 현 상태에 대한 안일에서 벗어나 겸손히 자신을 성찰하라. 네가 어디서 이탈하여 기준에서 멀어지고 있는지 말씀을 통해, 그리스도인들과의 교제를 통해 성령의 음성을 들어라. 내 모본을 보고 배워 죄인들을 사랑하되, 그들을 죄에서 떼어내라. 내가 죄를 미워하니 너도 죄를 미워하는 법을 배워야 한다. 복음서에서 행동하는 나를 보라. 늘 나를 알고, 사랑하고, 흠모하고, 닮는 일에 진전을 이루도록 힘쓰라. 그리하여 범사에 내 아버지를 기쁘시게 하라. 네 삶을 어수선하게 하는 잡다한 것들을 치우라. 사소한 것들에 매달리지 말고, 크게 생각하고 크게 기도하라. 환경 때문에 어쩔 수 없이 행동은 작게 해야 할지라도 말이다. 모든 신자와의 연합을 표현하고, 주변 모든 사람에게 최대한 선을 행하라. 열심히 내 나라를 확장하고, 성도를 섬기고, 선한 사마리아인처럼 낯선 이들에게 자비를 베풀라. 힘써 모든 곳에 복음을 전하라. 나와 함께 내 부활의 삶 속에 머물라. 매일의 일상을 나와 함께하며 그때그때 나에게 도움을 청하라. 내가 끝까지 너와 동행할 것이다. 양심을 정결하게 지키고, 잘 훈련된 양심으로 나를 따르라. 그러면 내가 주는 능력과 평안이 네 안에 점점 더 풍성히 나타날 것이다."

그렇다면 이제 우리는 회개를 진지하게 대할 것인가? 회개에 진지해진다면 우리 자신과 교회에 어떤 결과를 예상할 수 있겠는가? 회개에 진지하지 않는다면 어떻게 되겠는가? 당신에게 달린 일이다.

연구 및 토의 질문

1. 회개를 어떻게 정의하겠는가?

2. 당신은 하나님의 거룩하심을 어떻게 이해하고 있는가?

3. 『공동 기도서』의 예배에 회개가 강조되고 있는데, 그것이 지나치다고 보는가?

4. G. K. 체스터톤(Chesterton)은 원죄의 교리야말로 단지 직접 관찰하기만 하면 어디서나 입증되고 확인될 수 있는 기독교의 교리라고 단언했다. 이것은 옳은 말인가?

5. 죄를 보는 성경의 관점과 관련하여 어떤 문제들이 제기될 수 있는가? 거기에 어떻게 답하겠는가?

6. 캐나다 성공회나 당신이 속한 교단에 회개가 필요하다고 믿는다면, 그에 대해 당신이 할 수 있는 일은 무엇인가?

5
교회에 진지하라

Taking the Church Seriously

―

전능하신 하나님이여, 간구하오니 하나님의 이 권속을
은혜로 굽어보소서. 이들을 위하여 우리 주 예수 그리스도께서
기꺼이 배반당하시고 악인들의 손에 넘겨져 십자가에서
죽음을 당하셨사오며, 이제 살아 계셔서 하나님과 성령과 함께
통치하시니 세 분이 영원히 한 하나님이시나이다.
아멘. (1962년 캐나다 『공동 기도서』 성금요일 기도 1)

은혜와 교회

교회에 대해 진지해지려면 맨 먼저 인식해야 할 것이 있다. **교회**라는 단어가 우리의 머릿속에 들어가거나 입 밖으로 나올 때, 대부분의 경우 우리가 교회를 진지하게 대하지 않고 있다는 것이다.

흔히 우리는 교회라는 단어를 건물(예컨대 세인트 존 교회), 교단(예컨대 성공회), 지친 사람들에게 안정과 지원과 자선을 베푸는 신앙인의 무리(예컨대 우리 교인들) 등을 지칭하는 말로 사용한다. 또 주일 아침에는 교회에 간다고 말하고 오후에는 교회에 다녀왔다고 말하기도 한다. 하지만 이것은 신약의 이 단어에 담겨 있는 풍부한 기독교적 의미에서 아직 상당히 거리가 먼 것이다. 이제 우리는 바로 그 의미를 찾아야 한다. 그것을 찾으려면 바울의 에베소서를 보는 것이 가장 좋다. 관점에 따라 에베소서에 강조된 주제는 교회라 볼 수 있다.

직접 가르쳐보는 것만큼 잘 배우는 길은 없다는 말이 있다. 내 경우가 바로 그랬다. 상황이 이상하게 맞물려 나는 학문적으로 신학을 공부하기도 전에 목회자 후보생들에게 에베소서의 헬라어 원문을 번역하고 해석하는 과목을 가르치게 되었다. 그들은 안수를 받기 전에 시험에 합격해야 했는데, 그 과목은 시험에 대비하기 위한 것이었다. 다행히 전원이 합격했다. 그 일을 계기로 나는 오늘날까지 명실상부한 에베소서 전문가가 되었다.

에베소서는 막강한 위력을 지닌 글이다. 깊이 생각하면서 중단하지 않고 열 번만 통독하면 당신도 직접 확인할 수 있다. (도전인가? 그렇다.) 에베소서는 크게 두 부분으로 나누어진다. 전반부 1-3장의 내용은 교리와 찬양과 기도이고, 후반부 4-6장의 내용은 실천과 충실성과 순종이다. 이 둘을 하나로 묶는 쌍둥이 주제가 있는데, 바로 하나님의 **은혜**와 하나님의 **교회**다. 전자는 후자를 생성시키는 기초이고, 후자는 전자를 확대해서 보여준다. 우선 우리는 바울을 따라 은혜에 집중할 것이다. 곧 보겠지만 그것이 교회를 이해하는 가장 곧은 지름길이다.

은혜란 무엇인가? 이 단어[헬라어로 카리스(chris)]는 기독교의 전문용어다. 기독교가 있기 전까지는 품위, 우아함, 매력이라는 뜻이었고 중요한 단어가 아니었다. 그러나 특히 바울 서신에서 카리스는 **사랑으로 죄인들을 구원하시는 하나님**의 태도와 행동을 나타내는 표준 용어가 되었다. 그의 서신을 받은 그리스도인들의 일상 어휘 속에서도 분명히 그랬다(그렇지 않았다면 바울의 말을 알아듣지 못했을 것이다). 이것은 기독교가 등장하기 전까지 세상이 전혀 모르던 세계였다. 이렇듯 이제 새로운 의미가 생겼기 때문에 카리스는 사실상 새로운 단어가 되었다.

바울이 에베소서에서 하듯이 이것을 자세히 설명해보면 이렇다.

하나님은 인류가 그분께 등을 돌리고 사는 것을 보신다. 그들은 닥치는 대로 그분을 노엽게 한다. 그분의 교훈을 무시하고 제멋대로 이기적 행위를 일삼는다. 원죄의 본질인 뿌리 깊은 자기중심주의는 아무도 벗어날 수 없는 병이다. 우리 안에는 율법에든 복음에든 하나님의 말씀에 긍정적으로 반응할 힘이 없다. 사실 우리는 완전히 마귀의 손아귀에 잡혀 있다. 그래서 하나님은 우리가 영적으로 지금 여기서 죽어 있다고 보신다(엡 2:1, 5).

그런데 바울과 그의 편지의 수신자들—유대인과 이방인 모두—처럼, 우리 중 일부는 지금 하나님께 살아 있다! 이것이 바로 하나님의 은혜로 된 일이다. 즉, 하나님은 사랑으로 우리를 택하여 자신의 영원한 친구와 자녀와 상속자로 삼으셨고, 거룩하신 아들을 세상에 보내 우리 죄를 위해 죽게 하심으로 우리에게 새로운 신분과 영원한 화해와 용서를 주시고 수용해주셨다. 또 하나님은 우리를 부활하여 살아 계신 아들과 연합시켜 생명—인격적·영적으로 반응할 수 있는 능력—으로 인도하셨고, 그리스도 안에서 그분을 통해 우리 서로를 하나로 묶으셨다(엡 1-2장 참조).

이것이 그리스도인이 된다는 것의 내적 실상이다. 이렇게 그분의 인도에 따라 이제 우리는 성부, 성자, 성령 하나님의 사랑을 인정한다. 속죄의 죽음과 부활의 생명을 통해 능력으로 우리와 함께하시는 아들 예수 그리스도의 실체와 임재를 깨닫는다. 우리의 죄를 무효로 돌리시는 그분과 그분의 희생을 신뢰한다. 참회하고 복종하는 마음으로 이제부터 그분을 우리의 주님과 스승으로 영접한다. 그리고 동료 신자들을 그리스도 안의 형제자매로 사랑하고 섬긴다.

그리스도인이 될 때 우리는 혼자가 아니며, 결코 혼자라고 생각해서는 안 된다. 물론 우리는 한 사람씩 개인적으로 구원받지만, 여전히 자기중심적이고 개인주의적으로 혼자 살라고 구원받는 것은 아니다. 우리 가운데 하나님의 해변에서 딱 하나의 모래알인 사람은 아무도 없다! 반대로 우리는 새로운 연합 속으로 인도되었다. 우선 우리는 아버지의 가정에 입양된 자녀이며, 나아가 부활하신 그리스도와의 연합을 통해 성령으로 말미암아 하나님의 새로운 피조물 속에 하나로 맞물려 있다. 이 새로운 피조물이 바로 **교회**라는 실체다.

교회를 향한 하나님의 계획

이제 바울이 에베소 교회를 어떻게 표현하는지 보라. 교회의 본질을 밝히기 전에 먼저 이런 선포부터 나온다. 하나님은 은혜로— "우리를 사랑하신 그 큰 사랑을 인하여"(엡 2:4)—지금 여기서 우리에게 영적 생명을 주셨고, 또한 찬란한 미래를 우리 앞에 두셨다. 이는 그분이 주권적으로 우리를 부활하신 주님과 연합시키셨기 때문에 가능한 일이다. 바울은 이렇게 썼다. "너희는 그 은혜에 의하여 믿음으로 말미암아 구원을 받았으니 이것은…하나님의 선물이라…**우리는 그가 만드신 바라** 그리스도 예수 안에서 선한 일을 위하여 지으심을 받은 자니"(2:8-10). "만드신 바"라는 말에는 두 가지 개념이 들어 있다(때로 이 말을 "걸작"으로 확대 번역하는데, 그러면 바울이 말하려는 것보다 뜻이 더 많아짐과 동시에 더 적어진다). 첫째는 **창작품**이라는 의미의 피조물을 뜻한다. 시나 그림이나 악곡이 창의적인 예술가의 창작품인 것과 같다. 둘째는 **결합**을 뜻한다. 이 연대는 사람들이 영원히 서로 맞물려 하나가 된 결과다. 본문의 "만드신 바"는 단수 명사다. 하나님이 우리 개개인에게 하신 일이 우리를 단일한 정체로 접합시켰다는 의미다. 이는 우리 각자가 예수 그리스도와 연합되어 있기에 가능한 일이다.

이제 여기에 세 가지 기본적 은유 내지 비유가 따라 나온다. 각 은유마다 하나님이 만드신 단일한 정체의 어떤 지속적 측면을 예시해준다. 바로 **건물**과 **몸**과 **신부**의 은유다. 지금부터 각각의 독특한 의미에 초점을 맞추어 하나씩 살펴보기로 하자.

우선 **건물**이다. 이방인과 유대인 신자들은 주 예수님을 모퉁잇돌로 하여 사도들과 선지자들의 터 위에 함께 지어져 "주 안에서 성전이 되어 가고…성령 안에서 **하나님이 거하실 처소가 되**"어 간다(2:20-22). 수많은 벽돌을 나란히 쌓아올리는 것과 같다. 구약 시대에 성전은 하나님이 자기계시를 통해 사람들에게 자신의 실체와 가르침을 가장 생생히 보여주신 곳이자, 또한 사람들 쪽에서도 하나님을 가장 가까이한 곳이다(시편 참조). 교회도 그와 마찬가지며 앞으로도 늘 그럴 것이다. 이것은 모든 그리스도인이 직시하고 마음으로부터 기뻐하며 즐거워해야 할 사실이다.

다음은 몸이다. 인체의 머리—여기서는 두개골 속의 두뇌로 지탱되는 사고를 뜻한다—는 다양한 부위로 이루어진 전체 유기체의 활동을 유발하고 제어하고 지시하고 통합한다. 마찬가지로 교회도 머리 되신 그리스도의 지시를 받는 한 몸이므로, 각 특정 부위의 조화로운 작용을 통해 믿음과 사랑으로 성장하고 지어져간다. 다시 말해서 각 신자는 온전히 그리스도를 닮아가고자 힘쓰고, 그리스도의 성령은 각자를 감화하여 하나님과 이웃과 그리스도의 몸 된 교회를 사랑으로 섬기며 협력하게 하신다. 그리하여 교회는 전진하여 "하나님의 아들을 믿는 것과 아는 일에 하나가 되어…**그리스도의 장성한 분량**이 충만한 데까지 이르"게 된다(4:1-16, 특히 13절). 몸의 모든 구성원이 하나님의 지휘 아래 서로 조화를 이루고, 연합된 몸 안에 다양한 사역이 나타나며, 몸 전체가 공동체적으로 하나님의 진리와 지혜를 분별할 줄 알게 된다. 바로 이것이 모든 그리스도인이 품어야 할 비전이고 목표다.

끝으로 **신부**가 있다. 사람들이 결혼식 날을 위해 기꺼이 신부를 준비시키듯 교회의 신랑이신 그리스도께서도 자신의 사랑의 대상인 교회를 힘써 준비시키신다. 그분은 교회의 영광스러운 모습을 내다보신다. "자기 앞에 **영광스러운** 교회로 세우사 티나 주름 잡힌 것이나 이런 것들이 없이 **거룩하고 흠이 없게** 하려 하심이라"(5:25-27). 그래서 교회가 현재 겪는 일은 성화다. 모든 그리스도인은 온갖 다양한 사건과 환경과 갈등을 통해 개인적으로는 물론 서로 함께 지속적으로 성화되어간다. 반면 장차 예수님과의 교제가 공동체적으로 완성될 일은 교회의 영원한 소망이다. 예수님의 변함없는 사랑에 대한 확신이 그것을 늘 떠받쳐준다. 이것이 모든 그리스도인이 소중히 여기고 고이 간직해야 할 관점이다. 위를 올려다보고 앞을 내다보는 관점이다.

니케아 신조가 말하는 것처럼 바로 이것이 모든 그리스도인이 믿어야 할 교회다. 모든 그리스도인은 하나님의 말씀에 따라 이 교회를 실체로 인정하고 고백해야 한다. 니케아 신조에 보면 "**하나의 거룩하고 보편적인 사도적 교회**"라 하여 교회를 네 개의 형용사로 서술하고 있다.

하나라는 말은 전 세계의 교회가 교회의 주인이신 예수 그리스도 안에서, 그분을 통해, 그분 아래서 단일한 공동체라는 뜻이다. 이 공동체는 개인들 및 집단들 사이의 모든 사회적, 인종적, 교리적, 문화적 차이를 초월한다. 바울이 갈라디아서 3장 26-28절에서 말한 것과 같다.

거룩하다는 말은 교회가 하나님을 예배하고 섬기고 그분께 순종하는 데 성별되고 헌신되어 있다는 뜻이다. 이거야말로 모든 제자 가운데 살아 역사하시는 하나님의 아들 그리스도의 형상의 핵심이다.

보편적(*catholic*)이라는 말은 천주교를 가리키는 게 아니라 단순히 전 세계를 뜻한다. 이 단어는 교회가 세상을 향한 사명을 품고 세상을 위해 세상 속에 있음을 상기시켜준다. 따라서 이 말은 온갖 종류의 파벌주의, 사회적·인종적 배타주의, 기타 세계적 관점에 못 미치는 모든 것을 반대한다. 아울러 요 몇 해 사이 "보편적"이라는 말이 점점 더 질적인 의미로, 즉 사명의 전체성 못지않게 믿음의 전체성도 고수해야 한다는 의미로 이해되고 있다. 당연히 그래야 한다.

사도적이라는 말은 교리와 목적의 진정성을 강조하는 말이다. 한편으로 이것은 교회가 사도들이 가르친 교리를 고수한다는 뜻이다. 따라서 다른 교리들에 기초한 단체들(예컨대 유니테리언 교회들, 자칭 말일성도 예수 그리스도 교회라는 모르몬 공동체 등)은 교회라는 이름을 내세움에도 불구하고 그리스도의 교회의 일부가 아니다. 다른 한편으로 이것은 부활하신 주님께서 사도들에게 주신 지상명령대로 모든 민족을 제자로 삼는 것이 교회의 변함없는 목적이라는 뜻이다(마 28:19-20).

이것이 하나님이 보시고 아시는 교회다. 신약에 제시된 대로 우리도 교회를 그렇게 보고 알아야 한다. 하나님의 계획은 하늘의 모든 권세에게 자신의 어마어마한 지혜와 선하심을 드러내시는 것인데, 이 계획에서 교회가 중심을 차지한다(참조 엡 3:8-11). 우리를 창조하시고 보존하시고 구원하시는 복을 생각하면, 하나님을 영화롭게 하는 것(즉, 찬양받기 합당하신 그분께 영광과 찬송과 감사를 드리는 것)이 곧 우리의 소명이다. 이 소명을 다하려 할 때 우리의 사고에서도 교회가 구심점이 되어야 한다. 그리스도 중심의 소명은 교회 중심의 사고방식을 요한다. 이것을 인정하지 않는 그리스도인들은 그 부분에서 정말 기준 미달이라 할 수밖에 없다.

교회와 교회들

지금까지 살펴본 내용을 통해 우리가 분명히 알게 된 사실이 있다. 우리가 생각하는 교회는 대개 지역교회의 모임과 상황과 경험에서 출발하지만, 바울의 출발점은 늘 우주교회를 향한 하나님의 원대한 계획이었다. 우주교회의 교인 수는 바울 당시에는 네 자리 숫자였지만 지금은 열 자리 숫자(무려 2십억)다. 이미 영광에 들어간 성도들은 제외한 숫자다. 그렇다면 바울은 자신이 알고 섬겼고 일부는 직접 개척한 여러 작은 교회들을 자신이 그토록 열렬히 믿은 우주교회라는 더 큰 실체와 어떻게 연관시켰는가? 그의 서신들을 보면 답이 나온다. 로마서 12장에 그는 "너희 각 사람"이라고 대상을 명시한 뒤 이렇게 말한다. "우리가 한 몸에 많은 지체[신체 부위를 뜻하는 말이다]를 가졌으나 모든 지체가 같은 기능을 가진 것이 아니니 이와 같이 우리 많은 사람이 그리스도 안에서 한 몸이 되어 서로 지체가 되었느니라 우리에게 주신 은혜대로 받은 은사가 각각 다르니"(롬 12:3-6). 이어 사역의 여러 가지 능력—말, 섬김, 생활방식 등의 은사—이 두서없이 나열된다. 이 모든 은사는 로마 교인들의 내적 건강을 위한 것이다. 고린도 교회에 보낸 편지에도 바울은 이렇게 말한다. "몸은 하나인데 많은 지체가 있고 몸의 지체가 많으나 한 몸임과 같이 그리스도도 그러하니라…너희는 그리스도의 몸이요 지체의 각 부분이라"(고전 12:12, 27). 바울은 에베소서 4장 11-16절에서처럼 여기서도, 자신이 단일한 우주교회의 삶을 논할 때 전개한 신학을 지역교회에도 똑같이 적용하고 있다. 이것은 매우 의미심장한 일이다.

바울이 말하는 의미는 이것이다. 우주교회가 부름 받아 되어야 할 모습을 지역교회는 축소판으로 보여주도록 부름 받았다. 지역교회는 더 큰 실체의 지부, 소우주, 견본, 모형이다. 지역교회는 자신을 이렇게 보고 그에 맞게 행동해야 한다. 각 지역교회는 자신을 단일한 범세계적 공동체의 한 부분으로 이해해야 한다. 전체 공동체의 삶을 소규모로 구현하여 만인에게 보여주는 것이다. 무엇보다 그런 훌륭한 구현을 통해 각 지역 모임은 하나님을 영화롭게 한다.

인간의 관점에서 볼 때 지역교회란 정기적으로 함께 모여 신약이 말하는 교회의 본분을 다하는 신자들의 무리다. 여기 교회의 본분이란 함께 찬양하며 기도하고, 말씀과 성례의 사역을 지속하고, 서로에게 목양과 치리를 시행하고, 필요한 곳에 도움과 구제를 베풀고, 이웃과 세상에 복음을 전하는 것이다. 이상적으로 모든 구성원이 사역자가 되어야 하고, 하나님이 주시는 모든 은사가 활용되어야 한다. 동시에 교회마다 한 명 이상의 섬기는 지도자가 있는 것이 신약의 기본 틀이다. 지도자들은 설교, 교육, 아버지 같은 감독 등 일정한 역할을 맡아 교인들에게나 하나님께나 책임감 있고 충실하게 직무를 다해야 한다. 교회가 건강하고 힘이 있으려면 이렇게 지도하고 조정하는 목양 사역이 꼭 필요하다.

지금까지 말한 모든 내용을 준거의 틀과 예비 작업으로 하여, 이제 오늘의 성공회로 초점을 좁히고자 한다. 일각에서 성공회에 대한 반감이 고조되어 있음을 나도 알고 있지만, 그래도 부디 성공회 교인이 아닌 독자들도 다음 몇 페이지를 건너뛰지 말기를 바란다. 오늘날 성공회가 처한 문제들이 다른 교단들의 정황에서도 거듭 불거지고 있다. 나는 모든 복음주의자들이 성공회가 처한 문제들을 숙고함으로써 경건한 교회 생활에 필요한 지혜와 도움을 얻게 될 것이라 믿는다.

성공회

성공회란 무엇인가? 기본적으로 성공회란 16세기에 서유럽에서 거둔 종교개혁의 한 열매로 잉글랜드에서 형성된, 교회의 존재 및 행동 방식이다. 당시 성공회 정강의 핵심을 이룬 두 가지 항목이 있다. 하나는 성경의 권위에 복종하는 것이다. 성공회 신조 제20조에서 성경은 "하나님의 기록된 말씀"으로 표현되어 있다. 또 하나는 1563년에 39개 신조를 교리로 채택한 것이다. 39개 신조는 오직 믿음으로 오직 그리스도를 통해 얻는 칭의와, 오직 은혜로 말미암는 구원을 강조한다. 그때나 지금이나 잉글랜드 교회는 1만여 개의 지역교구의 연합체로서, 지역교구는 다시 주교들이 이끄는 교구들로 조직되어 있고, 교구들은 두 개의 관구로 나누어져 있다. 캔터베리 대주교가 수석 대주교이며, 법으로 국가교회로 정해져 있다는 점에서 독특하다.

웨일즈와 스코틀랜드와 아일랜드는 각각 별도의 관구이며, 모두

잉글랜드의 두 관구보다 작다. 반면에 미국은 지리적으로 하나의 거대한 관구이며, 캐나다도 마찬가지다. 헌신적 선교 사역을 통해 전 세계에 자치 관구들이 더 많이 생겨났다. 모든 관구들의 연합체인 세계 성공회에는 주교가 1천 명쯤 있고 교인은 8천만 명쯤 된다. 다른 개신교단들과 구별되는 성공회 고유의 정체감은 다음 두 가지 특징에서 온다. 첫째, 예배 방식이 종교개혁/왕정복고 시대인 1549년, 1552년, 1662년의 기도서들에 뿌리를 두고 있거나 적어도 거기서 발전되었다. 둘째, 교구의 수장으로 주교 제도를 유지하고 있다. 지금까지 성공회의 단합이 유지된 것은 특유의 풍부한 유산에 대한 인식 덕분이자 또한 성공회의 원만한 융화력 덕분이다. 현재의 내분으로 보아 앞으로도 성공회가 하나로 남을 수 있을지 또는 어떤 형태로 그렇게 될지는 아직 예측하기 어렵다.

성공회 내에도 오래전부터 많은 주제에 대한 다양한 견해가 있었다. 하지만 과거에는 어느 그룹이나 중시하던 공통된 특징이 있었다. 그리스도 안에서 주어진 교회의 연합을 외부에 설득력 있게 표출해야 할 필요성, 기독교적이고 역사적인 균형, 상호 존중하는 태도 등이었다. 이런 사고방식 때문에 성공회는 수세기 동안 에큐메니칼 운동의 선구자가 되었다. 최근까지만 해도 성공회는 서로 기다려 주며 일치를 추구하는 교단으로 통했다. 어떤 그룹이든 성공회의 견해를 책임감 있게 견지하는 한, 성공회는 그 그룹을 무시하거나 권리를 박탈하는 행동을 취하지 않았다. 그런데 요즘은 이 부분에 변화가 나타나 성공회의 연합을 위협하고 있다. 서로 신랄하게 비방하는 사고방식이 성공회 일각에서 득세하고 있다. 여기가 끝이 아님이 분명하다.

주교(bishop, 또는 감독)란 무엇인가? 주교는 교구를 관리하는 지도자로 지명된 성직자다. 여기에는 연유가 있다. 이것이 너무 번거롭고 모호하게 표현될 때가 많으므로 여기서 최대한 쉽게 설명해보려 한다.

신약성경에서 지역교회의 지도자로 지명된 사람들은 장로(유대교 회당의 장로와 비슷하다)와 감독[bishop, 헬라어로 에피스코포스(episkopos)로 남을 감독하는 사람을 뜻하는 실용적 단어다]으로 번갈아 지칭된다.

그러나 2세기 초부터 감독, 즉 주교라는 호칭은 모든 교회까지는 몰라도 대부분의 교회에서 지도자 그룹의 지도자에 국한되어 쓰였다. 실제로 그 경위는 알 수 없지만 이는 자연스러운 현상이었다. 지도자가 없는 그룹은 표류하게 마련이기 때문이다. 그룹에 지도자(이를테면 팀장처럼)가 있는 것은 언제나 사리에 맞는 일이다.

그러다 4세기 초에 콘스탄티누스가 기독교를 국교로 삼는 정책의 일환으로, 로마 제국을 교구라는 행정구역으로 분할하여 주교들이 관할하게 했다. 민간 총독(집정관)들이 로마의 각 성(省)을 관할하던 것과 같은 원리다. 각 교구 내 중심 도시의 주교는 해당 행정구역의 책임자가 되어, 교구의 최고 징계권자로서 자기 관할권 내의 모든 성직자와 교인을 감독했다. 4세기에 이미 이단 주교들이 성행했으므로 그들을 차단하기 위해 다음과 같은 원칙이 제정되었다. 각 교구 내의 사법권을 해당 주교가 독점하게 한 것이다. 지금도 주교가 있는 곳이면 어디서나 이 원칙이 관습법처럼 지켜지고 있다. 메대(메디아)와 바사(페르시아)의 법처럼 이것을 불변의 법칙으로 보는 사람들도 있다. 물론 관습은 헛되이 영속적 느낌을 더해줄 때가 많다. 하지만 이제 이 부분에도 변화가 불가피해졌다. 그 내용은 잠시 후에 살펴볼 것이다.

중세시대에 다음과 같은 교리가 생겨났다. 주교들은 예수님으로부터 유래한 사도적 권한을 보유하고 전수하는 사람이며, 그 권한이 없다면 주교를 통한 사제 서품이나 그런 사제가 수행하는 성례가 모두 무효라는―즉, 하나님이 은혜의 통로로 쓰실 수 없다는―개념이다. 천주교에서 지금도 이런 사도직 승계의 개념을 고수하고 있으며, 성공회에도 일부 그런 사람들이 있다. 하지만 이는 성공회의 공식 입장이 아니며, 존 웨슬리(John Wesley)는 이에 대해 "아무도 입증한 적도 없고 입증할 수도 없는 신화"라고 말한 바 있다.

중세시대에 교구 주교는 교회 행정 못지않게 민간 행정에도 깊이 관여하게 되었다. 1549년 잉글랜드의 새 기도서 및 예배 규칙서에 주교의 영적 직무가 규정되고 강조되었지만, 정치적 개입은 종식되지 않았다. 지금도 영국 주교들은 왕의 수많은 신하들처럼 총리가 왕을 대신하여 지명한다. 종교개혁 이후의 영국 주교직 역사를 보면, 주교들은 다음 여러 가지 직무들 사이를 늘 왔다 갔다 했다. 정치적 직무로는 회기 중에 상원에 등원하는 일 등이 있었다. 목회자로서는 설교하고, 가르치고, 사제를 서품하고, 견진 성사를 베풀고,

성직자를 상담하고, 지역교구 간의 분쟁을 조정하는 일 등이 있었다. 교회 행정으로는 성직자를 선발하고 서품하고 지명하고 인허하고 치리하는 일, 필요에 따라 조직과 전략을 짜고 돈을 모금하는 일 등이 있었다. 이런 다양한 활동 범위 안에서 주교마다 자신이 우선시하는 일들에 주력했다. 정치만 빼고는 영국 바깥의 주교들도 같은 틀을 따랐다. 주교직에는 필연적으로 많은 자유재량권이 주어진다. 그렇지 않고서야 어떻게 직무를 감당할 수 있겠는가? 그래서 사람들이 생각하는 주교의 개념에 권력이 필수로 등장하며, 때로는 주교 자신들도 그런 생각을 품는다.

이런 장치는 성경적인가? 이 물음이 주교 제도가 성경에 지시되거나 예증되어 있느냐는 뜻이라면 대답은 부정이다. 사도들과 그 대리인들이 수행한 사역이 그것의 모체로 특히 목회서신에 분명히 투영되어 있기는 하지만 말이다. 그러나 이 물음이 주교 제도가 지역 교회 생활에 관한 신약의 원리와 우선순위를 잘 살려내고, 교회의 제반사로 덕을 세워야 한다는 신약의 요건을 충족시켜주느냐는 뜻이라면, 대답은 물론 긍정이다. 이따금씩 나쁜 주교들이 출현한다 해서 이 답이 무효가 되는 것은 아니다. 그리스도 안에서 우리에게 주어진 연합은 교회들 간의 연결 고리를 요구하는데, 주교 사역이 그것을 실현해준다. 현실은 늘 그렇지 못할지라도 이상은 그렇다. 또한 주교직은 교구를 연합시키는 역할을 할 수 있다. 주교단 협의회가 관구를 연합시키고, 대주교단 모임이 성공회 전체를 연합시키는 것과 같다. 성공회에서 규정한 주교직의 직무에 진지하게 임한다면, 주교들 자신은 분명히 진이 빠지겠지만 그들이 이끄는 사람들은 풍요로워질 것이다. 그래서 교구는 주교로 인해 하나님께 감사가 넘칠 것이다.

그러나—아주 중요한 '단서'다—성공회 교구들에 이런 주교들이 꾸준히 배출되는 복이 임하려면, 두 가지 조건이 충족되어야 한다. 주교를 잘 선발해야 하고, 주교의 지도 아래 있는 사람들이 주교를 잘 감시해야 한다. 이는 특히 평신도들을 염두에 두고 하는 말이다. 주교의 선출이 책임감 있고 분별력 있게 이루어져야 하고, 주교를 현실성 있게 감시할 제도적 장치가 있어야 한다. 이 둘이 없어서 많은 지역의 많은 교구들이 활력을 잃고 있다. 선출의 경우, 투표자들은 대개 교리적 충실성의 문제를 작은 일로 여긴 채 다른 요인들을 선택 기준으로 삼는다. 감시의 경우, 그리스도인의 모든 건강한 관계에는 예외 없이 상호 감시가 포함된다. 그게 없으면 대개 좋지 못한 결과가 나타난다. 따라서 주교들이라고 감시를 면제해주면 그들에게나 우리에게나 유익할 게 없다. 그렇다면 여기서 문제는 무엇인가? 안타깝게도 평신도들의 무관심이다. 그것 때문에 주교들은 일단 직위에 오르면 아무런 제재 없이 거의 무엇이든 마음대로 할 수 있다. 다시 말해서 현 시점의 성공회 주교직은 전 세계적으로 발육이 부진한 제도이며, 변화가 없는 한 필시 성공회 교회들이 그로 인해 고통을 겪게 될 것이다.

세속성 바이러스

신약의 가르침대로 보자면 세상이란 마귀에 이끌려 명시적으로 하나님 없이, 암시적으로 하나님을 대적하여 조직된 인간 공동체다. 또한 세속성은 세상 풍습에 동조하는 것으로 정의된다. 역사적으로 성공회는 수많은 부분에서 국가 공동체의 삶에 개입해왔다. 그러다 보니 항상 세속에 물들기 쉽다. 세속의 영향은 바이러스가 인간의 혈류와 컴퓨터의 전자두뇌에 작용하는 것과 똑같이 작용한다. 침입하여 피해를 입히고, 아예 시스템 전체를 망가뜨리려 위협한다. 이것이 대규모로 나타난 완벽한 사례가 하나 있다. 내 표현으로 성공회의 옛 서구—영국, 북미, 호주의 성공회 교구들과 관구들—의 지도자들이 요즘 동성간 결합에 대해 보이고 있는 성향이 그것이다. 그들은 특정 조건 아래 동성간 결합을 결혼에 상응하는 거룩한 모습이자 하나님을 기쁘시게 하는 일로 간주한다. 물론 이것은 세속 사회를 닮아가는 일이다. 방금 언급한 국가들에 동성애 행동을 인정하는 추세가 굳어지고 있다. 이런 견해를 지지하는 본인들처럼 우리도 그것을 **자유주의**라 부른다. 반대의 견해는 **보수주의**라고 하거나 또는 **보호주의**라는 표현이 더 낫다. 동성애 행동에 대한 성경의 정죄를 하나님의 계시된 진리로 인정하기 때문이다. 이것은 영원히 유효한 진리이며, 따라서 예수 그리스도께 충실한 제자도의 한 요소로 계속 고수되어야 한다.

이런 대립적 분할의 배후에는 두 가지 요인이 작용하고 있는데,

둘 다 반세기쯤 전부터 시작된 것이다. 첫 번째 요인은 그리스도인의 사명에 대한 개념을 수정한 것이다. 이제 그리스도인의 본분은 온 세상을 향해 사랑과 정의를 말하고 모범을 보이는 것으로 그친다. 그러면 세속 사회가 즉시 그것을 자신들의 최고 이상과 비슷한 것으로 알아보고 지지할 것이다. 두 번째 요인은 영어권 세계 전역에 동성애 행동을 해금한 것이다. 이제 동성애자들의 정체와 가치관과 목표를 아무런 거리낌이나 제약 없이 공공연히 과시할 수 있게 되었다. 세상은 교회도 동성애 관계를 인정하라고 비슷하게 압력을 가하고 있다. 성공회는 1998년 램버스 회의 때까지만 해도 명확히 보호주의 입장을 고수했으나 지금은 이 문제로 싸우고 있다. 성경의 권위에 대해서도 양쪽의 입장이 서로 충돌하고 있다. 관구와 관구 사이, 교구와 교구 사이의 교제에 금이 갔다. 관할권이 중복되는 재편성이 벌어지고 있고, 북미에 새로운 관구를 신설하려는 수속이 현재 진행 중이다. 이 안타까운 현상의 직접적 원인은 바로 세속성 바이러스다.

　성공회 전체를 자유주의 노선으로 이끌려는 사람들이 주로 하는 말이 있다. 이런 견해 차이가 아무리 고통스럽다 해도 그것을 교회의 분열로 보아서는 안 된다는 것이다. 그것 때문에 탈퇴와 재편성을 정당화하거나, 현 성공회의 내부적 교제를 어떻게든 제한하거나 개편해서는 안 된다는 것이다. 지면상 여기서 그 논제를 다룰 수는 없지만 꼭 지적하고 넘어갈 것이 있다. 어떤 형태의 것이든 동성애 행동을 고의로 공공연히 인정하고 수용하는 교회나 교단은 자신이 교회라는 주장을 **명백히** 무산시키는 것이다. 그런 교회나 교단은 (1) 성경적 의미의 **거룩한** 교회가 아니다. 적어도 성적인 부분에서는 아니다. (2) **보편적** 교회도 아니다. 동성애 행동을 인정하는 것은 소수의 입장일 뿐, 천주교와 동방정교회와 대부분의 개신교에서는 그것을 이단으로 여긴다. (3) **사도적** 교회도 아니다. 바울은 모든 형태의 동성애 관계를 하나님 나라의 삶에 어긋나는 것으로 명확히 배격한다. 교회나 교단이 동성애 행동을 인정하면, 자신이 **하나의** 교회에 속해 있다는 주장마저 공허한 말이 되고 만다. 이 교회나 교단이야말로 하나님이 주신 그리스도인의 연합을 무너뜨리고 있기 때문이다.

교회의 분리

동성애의 생활방식을 인정하는 일 자체가 분열의 유발 요인이 아니라니 정말 모순된 주장이다. 여기서 교회의 분리라는 주제가 나온다. 지금부터 거기에 초점을 맞추고자 한다.

본래 헬라어 단어인 **분리**(*schism*)라는 말은 뭔가가 분열되거나 갈라진다는 뜻이다. 장구한 교회 역사에서 이 단어는 강경한 비난의 말로 쓰였다. 즉, 무고하고 쓸데없고 부당하고 불의하게 지상의 가시적 교회를 갈라놓는 행위를 지칭하는 말이다. 이미 말했듯이 그리스도와의 연합을 통한 그리스도 안의 연합은 하나님이 모든 신자에게 주신 선물이다. 교회는 가능한 한 모든 방법으로 이 실체를 세상에 보여야 할 의무가 있다. 분리는 전 세계 그리스도 교회의 일치성을 붕괴시키는 무책임한 일이다. 교회의 모든 구성원은 공통된 믿음과 일치된 사랑으로 단결하여 온전한 교제를 나누어야 하는데, 분리는 언제나 그 믿음과 사랑을 깨뜨리는 죄로 인식되었다. 이런 진단은 교회나 교단이나 교구나 관구의 분리에 모두 똑같이 적용되며, 성공회든 성공회가 아니든 다를 바 없다. 분리의 주체로 비난받는 사람들은 늘 이런 주장으로 자신들의 탈퇴를 정당화한다. 소속 교회나 교단이 그리스도와 성경에 충실하지 않기 때문에 자신들로서는 그럴 수밖에 없다는 것이다. 소속 교회나 교단이 영적 배신에 빠졌으므로 자신들이 그것을 피하고 충실성을 지키려면 결별이 유일한 행동 방침이라는 것이다. 분리에 대한 비난은 대개 양방향으로 나타난다. 이쪽에서는 저쪽이 탈퇴하여 분열을 초래했다고 비난하고, 저쪽에서는 이쪽이 참된 기독교를 훼손하여 탈퇴의 불가피한 원인을 제공했다고 항변한다. 예로부터 분리의 진범은 반드시 탈퇴하는 쪽만은 아니고 오히려 탈퇴를 유발하는 쪽이라는 격언이 있다. 물론 상대를 중상하여 매장하는 냉소적 수법도 오래된 것이다.

분리의 실체를 보여주는 두 가지 역사적 사례가 있다.

1. 4세기에 도나투스주의자들이 천주교에서 떨어져나갔다. 로마의 박해 중에 교회의 일부 지도자들이 신앙을 배교하는 듯한 인상을 주었는데, 도나투스주의자들은 천주교가 그런 지도자들을 여전히 받아들임으로써 구제 불능으로 부정해졌다고 판단했다. 이때 어

거스틴은 도나투스주의자들이 용서와 사랑을 베풀지 않아 영적으로 자멸을 초래하고 있다고 논박했다. 결국 그의 논지가 받아들여져 도나투스주의자들은 다시 천주교로 돌아왔다. 이는 교리의 문제가 아니라 단지 규율의 문제였다.

2. 16세기에 종교개혁자들과 그 추종자들이 로마의 관할권에서 벗어나자 교황청은 그들이 교회를 분리시킨다고 비난했다. 이에 대해 개혁자들은 천주교가 너무 기형화되고 구원에 대한 오류가 뿌리 깊어 사실상 스스로 교회이기를 포기했으며, 따라서 국가마다 교회의 믿음과 삶이 본연으로 돌아가려면 탈퇴가 불가피하다고 대응했다. 하지만 오늘날에는 어느 쪽에서도 분리라는 표현을 듣기 힘들다. 천주교 지도자들과 보호주의 개신교 지도자들은 서로를 이산가족의 형제로 반기며, 수렴과 일치를 목적으로 다양한 신학적 활동에 협력하고 있다. 하지만 동시에 기억해야 할 것이 있다. 교리와 행동에 대한 양쪽의 견해 차이가 여전히 너무 커서 어떤 식으로든 재결합은 어렵다는 것이다. 적어도 성경적 기준의 재결합은 요원하다. 종교개혁은 교회의 무오성과 권위, 구원의 방법 등에 이의를 제기했고, 그 부분이 아직도 우리를 갈라놓고 있다.

최근에 교회의 **내분**이라는 말이 생겨났다. 이는 교회나 교단이 실제로 갈라지지는 않았지만 내부에 의견이 상충되는 집단들이 있어, 전체의 교제가 제한되는 상황을 말한다. 예컨대 2002년 뉴웨스트민스터 교구 회의에서 그런 일이 있었다. 담당 주교는 대다수 참석자의 요청에 호의적으로 반응하여, 앞으로 동성간 결합을 축복하기로 했다. 그러자 약 1백 명의 참석자들은 이 결정이 철회될 때까지 그 주교 및 교구 회의와 교제를 단절하기로 선언하고 그 표시로 회의장에서 퇴장했다. 그 뒤로 그들이 담당한 교회들은 양심상 죄에 보조금을 지급할 수 없다는 이유로 당분간 교구에 분담금을 내지 않았다. 그러면서 한편으로 이 문제에 대해 교구와 직접 대화를 시도했다(안타깝게도 대화의 요청은 받아들여지지 않았다). 그 뒤로 북미 여러 곳에서 다른 내분의 사례들이 불거졌는데, 모두 동성애 문제에 대한 이의 제기로 시작되었다.

새로운 방향

지리적으로 캐나다 성공회(ACC)와 미국 성공회(TEC)에 양쪽 다 걸쳐 있는 새로운 관구가 결성되었다. 정통 신앙을 잇는 이 관구의 명칭은 북미 성공회(ACNA)다. 우물쭈물하고 있는 캐나다 성공회 사람들은 이런 상황에서 자신들이 어떤 입장에 설 것인지 자문해야 한다. 북미 성공회의 첫 구성원들은 1십만 명의 '종교 난민들'이다. 그들이 속해 있던 교구나 관구는 선의의 동성간 결합이 결혼에 상응하는 거룩한 모습이므로 축복해야 한다는 입장을 받아들였을 뿐 아니라, 그에 대한 교인들의 양심적 반대를 거부하여 사실상 그들을 쫓아냈다. 캐나다와 미국의 기존 관구들은 양쪽 다 이런 새로운 움직임을 비난하고 있다. 성공회 관할권이 중복되는 일이 역사적 보편

관행에 어긋난다는 이유에서다. 산하 주교들이 이끄는 기존 교구들이 모두 다 상궤를 벗어나면 대안 관할권은 불가피해진다. 하지만 두 관구는 이런 논거에 완전히 귀를 막고 있다. 2008년 6월에 예루살렘에서 열린 세계 성공회 미래회의(GAFCON)에 참석한 대주교단이 이런 새로운 시도를 환영했고, 캔터베리 대주교도 재편성 그룹과의 교제 단절을 표명해달라는 요청을 거부했다. 그럼에도 캐나다와 미국의 관구는 아직까지 양쪽 다 이런 변화를 좋게 말하거나 좋게 생각하지 않고 있다. 이런 상황에서 모든 충실한 성공회 사람들은 이렇게 자문해야 한다. 참된 복음의 증진, 앞날을 위한 교회의 유익, 전 세계를 향한 그리스도인의 사명 그리고 성부, 성자, 성령 하나님의 영광을 위해 이제 내가 할 일은 무엇인가?

이 물음에 답하려면 고려해야 할 네 가지 중요한 사항이 있다.

1. 동성간 결합에 대한 상반된 평가는 세 가지 이유에서 중대한 문제다. (1) 그것은 단지 이론이 아니라 실제적인 문제다. 이전까지만 해도 성공회 내의 교리적 차이는 모두 견해의 문제였을 뿐 실제 행실과는 별로 관계가 없었다. 관계가 있었다 해도 동기의 차원을 벗어나지 못했다. 하지만 이번 싸움은 성경에 명명백백히 죄로 규정된 행동을 오히려 덕으로 미화하고 예찬하려 한다(레 18:22, 20:13, 롬 1:26-27, 고전 6:9-11, 딤전 1:8-10). (2) 그것은 우리의 구원과 직결되는 문제다. 바울이 독자들에게 경고했듯이 동성애 행동은 하나님 나라를 유업으로 받지 못하게 한다. 곧이어 바울은 성령께서 고린도 신자들에게 동성애 습성을 끊을 능력을 주신 것을 기뻐하고 즐거워

한다(참조 고전 6:11). 알다시피 고린도 문화는 그런 습성을 강력히 조장했다. (3) 섹스는 우리 인간의 중요한 일면인데(오늘날 여기에 이의를 달 사람은 없을 것이다), 하나님이 섹스를 주신 목적은 개인의 쾌락과 서로의 결속을 위해서만 아니라 또한 자녀의 출산을 통해 인류를 존속시키시기 위해서다(창 1:28). 처음부터 지금까지 언제나 그렇다. 따라서 출산 가능성이 배제된 성욕의 탐닉은 한 마디로 하나님의 목적에 반항하는 일이다.

2. 신약의 증언을 믿을 수 있다면(물론 믿을 수 있다!), 아버지처럼 하나님이시고 우리처럼 인간이신 주 예수 그리스도께서 교회를 사랑하신다. 신인(神人)이신 그분은 친히 목숨까지 바쳐 교회를 구속하셨을 뿐 아니라 자신의 신부인 교회를 완전히 거룩한 상태로, 즉 이 땅에서 자신이 본을 보이신 그 수준으로 이끌어 가신다. 성경을 더 믿을 수 있다면, 바울과 동료 사도들은 그리스도의 마음을 지녔다. 따라서 그들의 가르침은 그리스도께서 그들을 통해 가르치신 것이요 곧 그분의 가르침이다. 그렇다면 동성간 결합을 인정하는 사람들은 그리스도께 대항하는 것이다.

3. 동료 신자들을 목양하는 일은 그리스도인이라면 누구나 해야 할 일이다. 물론 성직자들이 앞장서야 한다. 분명히 그들은 양 떼를 가르치고, 지키고, 양육하고, 준비시키고, 질서 있게 감독하고, 사역에 투입시키는 일을 위임받았다. 하지만 다른 사람을 섬기고 돕고 돌보고 보살피는 일은 성직자만의 일이 아니라 모든 그리스도인의 의무다. 그렇다면 우리 모두는 교회의 목양이 무엇이며, 특히 동성

애 성향이 있는 사람들을 어떻게 목양할 것인지 분명히 뜻을 정해야 한다. 동성간의 육체적 결합에 들어서는 사람들을 우리는 인정하고 지지해야 하는가? 그들이 잘되기를 바라는 아가페 사랑을 그런 식으로 표현해야 하는가? 아니면 아가페 사랑 때문에 오히려 그들을 인정하고 지지하는 방식이 달라져야 하는가? 그리하여 그들과 우정의 결속을 맺고 그 결속 안에서 그들을 강하게 해주어, 평생 안고 살아야 할 동성애 충동에 굴하지 않도록 도와주어야 하는가? 이 두 가지 방법은 상호 배타적이다. 중립 지대는 없다. 성직자도 평신도도 하나님 앞에서 마음을 정해야 한다. 성경의 증언을 정말 믿을 수 있다면, 이는 어려운 일이 아니다.

4. 성경에 기초한 새로운 관구(북미 성공회)의 결성은 앞서 언급한 종교 난민들 외에 누가 언제 거기에 가입해야 하는가라는 문제를 제기한다. 분명히 이 관구는 큰 물결의 열정 속에서 태동했고, 그 못지않게 분명히 미래에 큰 희망을 줄 것이다. 반면에 캐나다 성공회와 미국 성공회는 현재 큰 두려움만 야기하고 있다. 그렇다고 이 두 관구로부터 적극적으로 사람들을 불러 모은다면—즉, 양 도둑질을 한다면—그 자체가 분리로 치닫는 행위다. 그런 일이 있어서는 안 된다. 물론 두 관구에 교리적·윤리적으로 용납할 수 없고 회복 불능으로 보이는 오류가 있으며, 이 때문에 그리스도인들은 자유로이 더 마음에 맞는 영적 집을 찾아 나설 수 있다. 하나님이 보시고 아시는 단일한 교회의 참된 실체가 더 잘 표현되는 곳으로 말이다. 하지만 아무리 못마땅하더라도, 현재 맡고 있는 이런저런 사역의 의무 때

문에 당분간 지금의 자리에 그냥 있어야 할 수도 있다. 어쨌든 교회를—이 경우에는 관할권까지—옮기려는 결정을 서두르거나 의논과 기도 없이 내려서는 안 된다. 열정이 분별력과 판단력을 앞질러서는 안 된다. 늘 남의 떡이 더 커 보이는 법이다. 완전한 교회를 찾았다고 생각되거든 본인은 그 교회에 가지 말라는 말도 있다. 가면 교회를 망가뜨릴 테니 말이다. 기도하기는 속히 하고 움직이기는 더디 하는 것이 안전한 길이다. 또한 결코 잊지 말아야 할 사실이 있다. 새롭게 하시고 다시 살리시는 성령의 역사가 아주 놀라운 방식으로 장애물들을 제거하실 수 있다. 내 생각에 독자들도 이미 이를 위해 기도하고 있을 것이다. 요컨대 새로운 관구의 출현에 어떻게 대응할 것인지 모두가 하나님의 인도를 구해야 하며, 그러는 동안 모든 진영의 사람들에게 호의와 아가페 사랑을 보여야 한다. 그러다 혹시 하나님이 탈퇴와 재편성으로 인도하신다는 확신이 들거든, 그때는 존 웨슬리가 감리교 교인들에게 준 원칙을 따르면 된다. 떠나야 하거든 조용히 나가라.

하나님이 그분의 지혜와 자비로 우리 모두를 인도해주시기를 기도한다.

성령으로 온 교회를 다스리시고 거룩하게 하시는 전능하시고 영원하신 하나님이여, 거룩한 교회의 모든 일로 하나님 앞에 기도하오니 우리의 간구를 받아주소서. 모든 교인이 각자의 소명과 사역을 통해 참되고 경건하게 하나님을 섬기게 하소서. 우리 구주요 주님

이신 예수 그리스도를 통하여 기도하나이다. (1962년 캐나다 『공동 기도서』 성금요일 기도 2)

연구 및 토의 질문

1. 하나님의 목적인 구원 사역에서 교회가 중심을 차지한다는 사실을 어떻게 예증하겠는가?
2. 하나님이 교회에서 당신에게 주신 사역은 무엇인가?
3. 교회들은 서로 어떻게 대해야 하는가?
4. 성공회가 물려받은 유산의 주된 요소들은 무엇이라 보는가? 당신은 거기에 어떤 가치를 부여하는가?
5. 이미 성공회가 존재하는 지역에 새로운 성공회 관구를 결성하는 것이 분리의 행위라는 비판이 있다. 거기에 어떻게 대응하겠는가?
6. 복음주의적 교회가 마땅히 우선시해야 할 일들은 무엇인가?
7. 우리는 자신이 속한 교회에서 어떻게 동료 예배자들을 돌보아야 하는가?

6
성령께 진지하라

Taking the Holy Spirit Seriously

성령강림절

"이날은 아주 중요한 날입니다." 디스크자키는 2008년 5월 11일을 내다보며 너스레를 떨었다. "어머니날이거든요!" 그야 맞는 말이다. 이날의 중요성을 어느 누가 부인하겠는가? 하지만 그날은 성령강림절이기도 했는데, 그쪽 측면의 중요성은 전혀 언급되지 않았다. 그나저나 성령강림절은 정말 그렇게 중요한 날인가? 많은 교회들과 그리스도인들이 성령강림절에 행동하는 방식으로 보아서는 별로 그렇지 않다. 하지만 그날을 이렇게 가볍게 여기며 여느 주일과 거의 다르지 않게 대하는 것은 옳은 일인가? 내가 보기에는 옳지 않다. 이제부터 그 이유를 설명하려 한다.

성령강림절은 오래전의 그 결정적인 아침으로 거슬러 올라간다. 예수님의 제자들이 모여서 기도하고 있는데 돌풍처럼 요란한 굉음과 함께 천장에서 불꽃이 쏟아져 각 사람의 머리 위에 머물렀다. 그들의 입이 움직여 소리를 냈는데, 나중에 알고 보니 배운 적이 없는 외국어들이었다. 그들은 거리로 달려 나가 예수님의 죽음과 부활과 통치를 선포했다. 먼 곳에서 예루살렘을 방문 중이던 구경꾼들은 그것을 각자의 현지 언어로 들었다. 제자들은 베드로를 중심으로 모였고, 베드로는 목청껏 예수님의 기쁜 소식을 전했다(로마 세계와 유대인 국제 사회의 공용어였던 헬라어로 전했을 것이다). 그의 말은 전에 없이 권위가 있었고 명쾌했다. 곧이어 제자들의 눈앞에 놀라운 광경이 벌어졌다. 약 3천 명의 청중이 베드로의 메시지를 받아들여 회개하고, 줄지어 세례를 받고, 예수님의 제자들의 모임에 합류했다. 방언을 말하던 충실한 제자들이 새로운 공동체의 핵이 되었다.

성령강림절은 성령을 **부어주신** 날이다(요엘과 베드로와 누가가 사용한 "부어 주다"라는 단어—사도행전 2장 17,33절—는 쏟아지는 호우나 범람하는 강물처럼 풍부하게 넘친다는 뜻이다). 이날은 우리가 알고 있는 교회(즉, 예수님을 믿는 신자들의 무리, 거듭난 사람들의 국제적 모임)의 출생일이다. 아울러 그것은 하나님의 거대한 구원 계획 가운데 새 시대를 연 사건이기도 하다. 하나님의 아들이 성육신하신 사건과 마찬가지다. 우리는 크리스마스 때마다 그것을 기념한다. 또 그분이 죄를 담당하여 죽으셨고 생명을 주시려고 부활하신 사건과 마찬가지다. 우리는 고난주간과 부활절마다 그것을 기념한다. 셋 다 새로운 실체를 더해주어 세상을 변화시킨 사건이다.

그런데 성령강림절은 크리스마스나 부활절처럼 하나님의 사람들의 상상력을 사로잡지 못했고, 또 그것을 기념하는 특별한 의식이나 활동 없이 지나가고 있다. 그 이유가 무엇인가? 성공회에 대해서는 어느 정도 자신 있게 말할 수 있으므로 특히 거기에 초점을 맞춘다면, 나의 답은 이것이다. 성령강림절이 우리에게 큰 의미가 없는 것은 성령의 사역이 우리의 사고나 삶에 중요해 보이지 않기 때문이다. 그야말로 시급히 변화가 필요한 부분이다.

성령이 없을 때

성령께서 우리에게 하시는 일과 우리를 통해 하시는 일에 대한 생생하고 도전적인 인식이 교회에 부재할 때, 기독교는 다음과 같이 변질된다.

- **제도주의**. 가장 우선시되는 것은 교회 건물의 유지, 정규 예배의 시행, 교회와 교구와 세계 성공회의 조직과 행정과 안정 등이다. 지역적으로나 국가적으로나 국제적으로나 새로운 시도를 할 의향은 없다.
- **형식주의**. 가장 우선시되는 것은 교회 출석, 공적인 찬송과 예배와 설교 중의 바른 행동, 교회 밖에서의 바른 행동, 빈약하나마 매일의 개인 기도, 이상의 습관이 영적 성장을 가져다주고 하나님을 기쁘시게 한다는 강한 확신 등이다.
- **도덕주의**. 가장 우선시되는 것은 현행 교회법을 지키는 일이다. 그것이 기독교의 핵심이요 구원의 방법이라 믿는다.

- **전통주의.** 가장 우선시되는 것은 교회 생활의 안전지대인 유서 깊은 옛 방식을 지키는 것이다. 이를 위해 모든 수정주의에 맞서 싸운다.

물론 이런 모든 태도에도 어느 정도 진실과 지혜가 들어 있다. 진정한 그리스도인들은 교회 생활에 깊이 동참하며 교회 생활의 질에 깊은 관심을 가진다. 그들은 사적으로나 공적으로나 기도를 훈련한다. 그리스도인의 삶이 어떤 면에서 기도의 삶이며 하나님과의 교제가 그 삶의 본질임을 안다. 그들은 자신들이 하나님의 율법에 순종하여 그리스도를 닮아가도록 부름 받았음을 알기에 힘써 최선을 다한다. 그와 동시에 자신이 늘 부족한 죄인이며 끝없이 용서받아야만 살 수 있음도 안다. 또 그들은 교회의 유산을 소중히 여겨야 함도 안다. 그 유산에 다른 것들도 들어 있겠지만, 무엇보다 성령의 지혜가 두루 스며들어 있기 때문이다.

그러나 앞에서 열거한 태도들에는 문제가 있다. 우리 구주요 주님이신 예수 그리스도의 사역을 중심에 두지 않음으로써 복음을 경시하는 것이다. 그러다 보니 자연히 성령을 통해 그리스도 안에서 그리스도와 함께 살아가는 삶의 실체까지 경시하게 된다. 이 삶은 신약성경에 자주 표현되는 대로, 성령 "안에서" 예배하고 기도하고 활동하고 사역하는 삶이다. ("안에서"라는 말이 이렇게 쓰일 때, 그 짤막한 단어 안에 얼마나 중대한 진리가 담겨 있는가!) 하지만 이런 식으로 복음을 경시하면 기독교의 진정한 핵심을 놓치게 된다. 바울의 표현을 빌려, 이런 태도들은 겉으로 경건의 모양은 있으나 속으로 경건의 능력이 없다.

내가 신학생이던 거의 두 세대 전에, 분별력 있는 스승들은 성령을 경시하는 현상을 개탄하곤 했다. 그들의 표현으로 성령은 집 잃은 하나님이요 신학의 신데렐라와 같은 신세였다. 그 후로 성공회 및 여러 교단에서 적으나마 상당수의 사람들이 카리스마 운동의 영향을 입었다. 이 운동은 우리가 하나님께 마음을 열고 그리스도를 향한 찬양과 감사와 기쁨과 소망과 확신과 감격을 막힘없이 표현해야 한다고 역설했다. 사실 이것은 17세기 청교도주의와 18세기 복음주의의 특징이었던 영적 활력이 다분히 되살아난 것이다. 물론 지휘도 달라지고 조(調)도 달라지고 강조점도 달라졌다고 해야겠지만 말이다. 이 카리스마 운동의 특징은 다음과 같은 오순절 사상이었다. 하나님이 현대 교회에도 사도 시대의 표적과 은사(예언, 방언, 해석, 신유)를 전부까지는 몰라도 대부분 다시 주실 뿐 아니라, 오순절의 그 아침처럼 방언으로 성령 세례까지 주신다는 것이다. 나를 비롯한 많은 그리스도인들은 이런 주장에 의구심을 품고 있다. 하지만 그 교리를 삭제해도 남는 부분이 있다. 성공회가 한때 알았던 것, 잃지 말았어야 하는 것, 오늘날 다시 찾아야 하는 것—그것이 새롭게 되살아나고 있다는 사실이다. 그것은 바로 성령께서 성경을 통해 우리를 살펴 우리의 깊은 필요를 알게 하시고, 그리하여 우리 구주요 주님이신 예수 그리스도와의 친밀한 관계 속으로 인도해주시는 경험이다. 그리스도를 우리에게 임재하게 하실 때도 성령은 똑같이 성경을 통해서 하신다.

성령이 있을 때

나지안주스의 주교였던 4세기의 스승 그레고리는 후세의 칼뱅처럼 당대 "최고의 신학자"로 추앙받았다. 그는 "신학은 추가를 통해 성숙에 이른다"고 했다. 물론 역사 속에서 추가된 점진적 계시를 두고 한 말이다. 구약 시대에 하나님은 자신을 배타적 유일신으로 계시하셨고, 내재적 삼위일체에 대해서는 어렴풋이 암시만 하셨다. 그래서 이스라엘의 충실한 신학은 속속들이 일신론이다. 나중에 성육신하신 아들이 자신과 아버지의 관계를 증언하시면서, 유일신 내에 복수의 위격이 존재함이 드러났다. 첫 몇 세기 동안 교회는 유대교 신학에 그 내용을 추가하면서, 적절히 합의된 방식으로 삼위일체와 성육신을 말로 표현하고자 했다. 성령강림절과 그 결과를 기록한 사도행전에는 물론 사도들의 목회서신에도 제3위 하나님인 성령의 사역이 아주 풍성히 나와 있다. 하지만 종교개혁 시대 이전까지는 이 주제가 자세히 탐구되지 않았다. 다행히 그 뒤로는 성령에 대한 공부(성령론)가 계속 진보를 이루었다. 장 칼뱅의 『기독교 강요』(기독교문사), 존 오웬(John Owen)의 『성령론』(*Pneumatologia*), 아브라함 카이퍼(Abraham Kuyper)의 『성령의 사역』(*Work of the Holy Spirit*, 성지출판사) 등을 대표작으로 꼽을 수 있다.

그러므로 우리도 선조들의 발자취를 따라 지금부터 성경에 제시된 성령 하나님을 자세히 살펴보기로 하자.

성령의 이름

성경에서 하나님이 주신 이름들은 그냥 호칭이 아니라 계시다. 예컨대 하나님은 자신을 언약의 이름인 야훼(여호와)로 지칭하셨다. 불붙은 떨기나무에서 모세에게 일러주신 이 이름(출 3:13-15)은 "나는 나다"(현재와 미래 시제의 의미가 모두 들어 있다)라는 뜻의 히브리어 어구를 축약한 것이다. 적대적이고 겉보기에 혼란스러운 세상 앞에서 그분의 영원하고 자립적인 주권이 이 어구에 선포되어 있다. 또한 예수님은 자신이 사랑하시고 섬기시는 분을 "아버지"라 부르셨는데, 이는 권위 있는 사랑과 돌봄과 지도와 공급과 보호―말하자면 완벽한 아버지상―를 선포하는 단어다. 천사들이 전해준 인간 예수의 이름(마 1:21, 눅 1:31)은 히브리어 "여호수아"의 헬라어 형태로 "하나님은 구원자이시다"라는 뜻이다. 그분의 사역이 그 속에 결정적으로 선포되어 있다. "이름을 예수라 하라 이는 그가 자기 백성을 그들의 죄에서 구원할 자이심이라." 마찬가지로 "성령"(거룩한 영)이라는 이름도 선포적 계시다. "거룩하다"는 말의 기본 개념은 구별되었다는 뜻이며, 우리와 대비되는 하나님의 속성들, 즉 초월적 위엄과 완전한 도덕적 정결함을 의미한다. 이런 속성들 때문에 그분은 장엄하시며, 실로 대면하기에 무서운 분이시다. 이사야가 그것을 경험했고(사 6:5), 회개하지 않는 모든 인간도 장차 똑같이 경험할 것이다(롬

2:5-16, 계 6:13-17). "영"[히브리어로 루아흐(*ruach*), 헬라어로 프뉴마(*pneuma*)]의 기본 개념은 바람이나 입김이다. 폭풍이 분다든가 입김으로 훅 촛불을 끄는 것을 생각하면 된다. 따라서 영은 힘 있게 활동하시는 하나님의 능력을 의미한다. 요컨대 성령의 이름은 창조와 통치와 변화와 의로운 심판을 행하시는 전능하신 활동을 선포해준다.

성령의 인격

구약성경에 성령이 1백 번쯤 언급되어 있다. 매번 문구는 "하나님(여호와)의 (거룩한) 영" 또는 "그(당신)의 (거룩한) 영"이고, 매번 개념은 하나님이 소유하시고 동원하시는 강력한 자원이다. 성경에 여호와의 눈이나 손이나 팔이 언급될 때와 마찬가지다. 성령이 독립된 인격체라는 암시는 아직 없다. 물론 영원 전부터 그분은 독립된 인격체이셨지만 그리스도께서 오실 때까지는 그것이 알려지지 않았다. 그러나 예수께서 배반당하시기 전 제자들에게 마지막으로 하신 말씀에 성령이 독립된 인격체이심이 더할 나위 없이 명백히 밝혀진다.

> 내가 아버지께 구하겠으니 그가 또 다른 보혜사를 너희에게 주사 영원토록 너희와 함께 있게 하리니 그는 진리의 영이라…보혜사 곧 아버지께서 내 이름으로 보내실 성령 그가 너희에게 모든 것을 가르치고 내가 너희에게 말한 모든 것을 생각나게 하리라(요 14:16-17, 26).

내가 떠나가는 것이 너희에게 유익이라 내가 떠나가지 아니하면 보혜사가 너희에게로 오시지 아니할 것이요 가면 내가 그를 너희에게로 보내리니 그가 와서 죄에 대하여, 의에 대하여, 심판에 대하여 세상을 책망하시리라…진리의 성령이 오시면 그가 너희를 모든 진리 가운데로 인도하시리니 그가 스스로 말하지 않고 오직 들은 것을 말하며…그가 내 영광을 나타내리니 내 것을 가지고 너희에게 알리시겠음이라(요 16:7-8, 13-14).

보다시피 성령은 말씀하시고, 가르치시고, 증언하시고, 인도하시고, 선포하시고, 확신을 주신다. 그분의 이름은 "보혜사"다. 헬라어로 파라클레토스(*paraclētos*)라는 이 단어에는 "돕고, 위로하고, 힘을 북돋고, 격려하고, 옹호하고, 지지하는 이"라는 뜻이 들어 있다. 성령은 예수님을 대신하시는 "또 다른[두 번째] 보혜사"로 표현된다. 이로 보아 분명히 그분은 예수님 자신과 대등한 자격으로 대등한 지위에 존재하신다. 성령이 신이시고 인격체이심을 이보다 더 분명히 증언할 수는 없다. 사도행전의 역사(歷史)에 기록된 성령의 사역도 이 증언을 더욱 확증해준다. 성령께서 우리를 위해 중보하시며 때로 우리 때문에 근심하신다는 바울의 언급도 마찬가지다(롬 8:26-27, 엡 4:30). 요컨대 성령도 성부와 성자처럼 참으로 하나님의 한 위격이시다.

성령의 활동

구약에 나오는 성령의 활동은 다음과 같다.

- 세상 질서를 창조하시는 일과 세상의 자연적·역사적 과정을 주관하시는 일에 동참하신다(창 1:2, 시 104:29-30, 사 34:16).
- 직접 소통하시거나 깊은 통찰과 지혜를 주심으로 하나님의 진리와 뜻을 그분의 사자들에게 계시하신다(민 24:2, 삼하 23:2, 대상 12:18, 대하 15:1, 느 9:30, 욥 32:8, 사 61:1-4, 겔 2:2, 11:24, 37:1, 미 3:8, 슥 7:12). 이런 계시를 통해 하나님의 사람들에게 충성된 삶과 열매 맺는 삶을 가르치신다(느 9:20, 시 143:10, 사 48:16, 63:10-14).
- 하나님을 향한 인격적 반응을 이끌어내신다. 즉, 성경 자체의 의미대로 하나님을 알게 하신다. 이런 반응은 믿음, 회개, 소망, 기쁨, 순종, 거룩함, 하나님의 교훈과 지도에 대한 열린 마음, 찬양과 기도를 통한 그분과의 교제 등으로 나타난다(시 51:10-12 등, 사 11:2, 44:3, 겔 11:19, 36:25-27, 37:14, 39:19, 욜 2:28-29, 슥 12:10).
- 개인들을 공동체의 지도자나 공동체의 장인(匠人)으로 준비시켜 섬기게 하신다[요셉(창 41:38), 브살렐과 오홀리압(출 31:1-11, 35:30-35), 모세(민 11:17), 칠십 장로(민 11:16-29), 여호수아(민 27:18), 옷니엘(삿 3:7-10), 기드온(삿 6:34), 입다(삿 11:29),

삼손(삿 13:25, 14:19, 15:14), 사울(삼상 10:10, 11:6, 19:20-23), 다윗(삼상 16:13), 엘리야와 엘리사(왕하 2:9-15), 메시아(사 11:1-5, 42:1-4), 성전 선축자들(학 2:5, 슥 4:6)].

신약에 오면 이 모두를 바탕으로 범위가 훨씬 확대된다. 신약은 성령의 사역을 한편으로 성육신하여 십자가에서 죽으시고 부활하고 승천하여 영광을 얻으신 성자 하나님의 인격 및 사역과 직결시키고, 다른 한편으로 성령으로 말미암아 그리스도를 믿음으로 부활하신 예수님과 연합하여 그분과 교제하는 사람들과 직결시킨다.

성령과 구주 예수 그리스도

성령은 창조의 능력으로 예수님을 마리아의 태에 잉태되게 하셨고(눅 1:35), 성육신하신 아들이 이 땅에 사시는 동안 계속 그분과 함께 계셨으며 그분 안에 계셨다. 예수께서 세례 받으실 때 성령은 비둘기의 형상으로 자신의 임재를 예수님과 요한과 어쩌면 다른 사람들에게도 알리셨다(마 3:16-17, 요 1:32-33). 이를 통해 요한은 "그가 곧 성령으로 세례를 베푸는 이인 줄"을 확신했다. 요한이 들은 대로, 성령을 품으신 예수님이 나중에 때가 되면 성령을 주신다. 성령은 즉시 예수를 광야로 이끌어 "마귀에게 시험을 받"게 하셨다(마 4:1). 성령은 구주의 모든 사역에 동참하셨고(눅 4:14), 기적을 행할 능력을 주셨으며(마 12:28), 기쁨을 주셨고(눅 10:21), 더 큰 고뇌인 속죄의 죽음을 담당하시도록 겟세마네의 고뇌 중에 붙들어주셨다(히 9:14). 우리 그리스도인들이 성령께서 붙들어주시기에 하나님과 함께 하나님을 위해 살아가듯이, 앞서 가신 우리 구주도 마찬가지셨다. 우리는 성부, 성자, 성령과의 관계를 동시에 누리며 살아간다. 세 분은 늘 함께 계시며 결코 서로 떨어지지 않으신다. 성자께서 이 땅에 계실 때도 성부와 성령은 그분과 함께 계셨고, 지금도 함께 계시며, 앞으로도 영원히 함께 계실 것이다.

성령과 예수 그리스도께서 구원하시는 사람들

이 관점은 예수께서 친히 단언하신 말씀을 통해 확증된다. "그가 내 영광을 나타내리니 내 것을 가지고 너희에게 알리시겠음이라"(요 16:14). 아들 예수님이 죄인인 인류를 상대하신 궁극적 목표는 철저히 아버지의 영광이었고, 지금도 늘 그렇다. 즉, 찬양받기 합당하신 아버지의 계시된 행동들을 인하여 아버지께 찬송을 돌리시는 것이 아들의 목표다. 마찬가지로 성령께서 우리 그리스도인들에게 사역하시는 궁극적 목표는 구주의 영광이었고, 지금도 늘 그렇다. 예수님은 하나님이 목적하신 대로 우리를 구원하시고자 자신의 삶과 죽음과 부활을 통해 사랑, 긍휼, 지혜, 겸손, 충성, 고통 속에서의 인내, 기타 모든 덕을 보이셨다. 또한 지금도 똑같은 모습으로 살아 계신다. 그런 그분께 찬양을 돌리시는 것이 성령의 목표다. 이런 관점에서 우리는 성령의 지속적 사역을 웅장한 건물에 비추어진 투광 조명에 비유할 수 있다. 이 조명은 건물의 품격과 아름다움을 구석구석까지 모두 밝혀준다. 그리스도를 부각시켜 그분께 찬송을 돌리시는 일이야말로 그리스도의 사람들을 향해 성령이 하시는 모든 사역의 핵심이다.

가르치시는 분, 변화시키시는 분

그러한 틀 안에서 성령은 주로 다음과 같은 방식들로 우리에게 사역하신다.

우선 첫째로, 성령은 하나님—그분의 존재, 성품, 계획, 선하심, 은혜, 우리의 삶을 향한 뜻—에 대한 진리를 **가르치신다**. 그분은 이 일을 그리스도께 대한 사도들의 증언을 통해서 하시며(요 17:20), 그 증언은 우리가 영원히 활용할 수 있도록 신약의 책들에 기록되어 있다. 신약을 읽을 때 우리는 유대교 성경인 구약과 유기적인 하나로 읽어야 한다. 성령은 진정한 의미에서 모든 성경의 저자이시듯이 이제 진정한 의미에서 모든 성경의 해석자로 활동하신다. 그래서 늘 우리를 인도하여 성경의 메시지를 전보다 더 깊이 깨닫고 적용하게 하신다(딤후 3:15-17, 히 3:7-11, 10:15-17, 벧후 1:19-21). 여기서도 성령은 예수님의 본을 따르신다. 예수께서 구약이 자신에 관한 말씀임을 강조하셨듯이(눅 24:27, 44, 요 5:39) 성령도 우리를 깨우쳐주심으로 주 예수님을 영화롭게 하신다.

둘째로, 성령은 **우리의 마음을 새롭게 하신다**. 여기서 마음이란 각 그리스도인의 존재의 중심을 가리킨다. 모든 생각, 갈망, 동기,

목적, 창조적 충동, 야망, 관심, 확신, 반응, 관계적 태도, 사랑, 미움, 소망, 두려움, 기타 성격적 관점에서 우리를 우리 되게 하는 모든 요소가 마음에서 비롯된다. 그리스도를 만나기 전에는 우리의 마음이 본성적으로 이기심과 자만심 쪽으로 굽어 있었고, 따라서 하나님이 우리를 지으신 목적에서도 어긋나 있었다. 그런데 성령께서 하나님의 말씀을 메스이자 운동 기구로 사용하셔서 우리의 비뚤어진 내면을 바로잡으신다. 또한 영적으로 깨닫는 능력과 하나님께 반응하는 능력을 주신다. 그리하여 이제부터 사랑에 이끌린 영적 행동, 그리스도를 닮아가고 하나님을 영화롭게 하는 행동이 우리의 생활 방식이 되게 하신다.

신약의 메시지를 요약하면 타원과 같다. 즉, 타원형 윤곽에 두 개의 초점이 있다. 첫 번째 초점은 예수 그리스도의 인격과 지위와 사역—과거의 사역, 현재의 사역, 예언된 사역—이다. 그분은 하나님의 아들이자 인간의 아들이시고, 구주와 주님과 친구이시며, 유다의 사자이자 하나님의 어린양이시다. 천사들과 인간들이 영원히 그분을 영화롭게 할 것이다. 두 번째 초점은 예수께서 구원하시는 사람들의 삶 속에서 벌어지는 중대한 변화다. 처음에 성령은 우리의 마음을 새롭게 하시고, 그다음 우리 각자 안에 내주하시며 우리의 성품을 그리스도의 도덕적 형상대로 계속 고쳐나가신다. 그리하여 마침내 우리를 부활의 몸을 입은 완성된 영혼으로 빚으신다. 높이 들리신 주님을 온전히 닮은 모습으로, 우리는 영원히 그분과 함께 살게 된다. 이 두 초점을 하나로 이으시는 일이 성령의 능동적 활동이다. 이 변화를 이루시기 위해 성령은 우리와 부활하신 주님 사이에 연합을 이루시고 유지하신다. 그래서 우리가 사는 새로운 삶은 동시에 예수 그리스도께서 우리 안에서 우리를 통해 사시는 그분의 부활의 삶이다. 신약의 책들—즉, 그리스도와 그분의 사도들—이 자주 말하듯이, 그리스도인들은 그리스도 "안에" 살고, 그리스도는 우리 "안에" 사신다. 이는 말 그대로 서로가 서로 안에 산다는 뜻이다.

우리의 삶과 관련하여 예수님(요 3:3-8)과 야고보(약 1:18)와 베드로(벧전 1:23)와 요한(요일 2:29-3:9, 5:1, 4, 18)은 내면이 새로워지는 이 중대한 일을 **새로운 출생**에 비유한다. 즉, 하나님의 썩지 않는 "씨"가 우리 안에 심겨진다. 생명을 품고 있는 이 "씨"는 발아와 활력과 변화를 유발하는 신적 위력을 의미한다. 예전과는 근본적이고 영원하게 달라진다는 개념이다. 처음에는 속에서부터 달라져 점차 그 변화된 마음이 겉으로 드러난다. 신학자들은 성령의 이 사역을 중생(重生)이라 부른다. 예수께서 유대교의 대가인 니고데모에게 말씀하셨듯이, 이런 식으로 거듭나지 않고는 아무도 하나님 나라를 보거나 거기에 들어갈 수 없다. 또한 그분이 덧붙이셨듯이 다른 사람들은 이렇게 거듭난 사람들을 이해할 수 없다. 회오리바람이 언제 어디서 오고 가는지 우리가 알 수 없는 것과 마찬가지다. 이렇게 성령의 활동으로 새롭게 태어난 그리스도인들은 인식과 동기와 삶 전체가 초자연적으로 변한다. 그래서 하나님과 함께, 하나님을 위해, 하나님 아래서, 하나님의 능력으로 새로운 차원에서 살아간다. 세상은 하나님을 모르므로 그들의 변화를 보고도 그 원동력이 무엇인지 모른다.

그들은 더 이상 영적으로 눈멀고 귀먹고 죽어 있지 않으며(즉, 하나님께 전혀 반응할 수 없는 상태가 아니며, 참조 고후 4:4, 엡 2:1-7, 4:17-24), 따라서 하나님을 높이는 그리스도 중심의 생활방식을 찾아내고 따르려는 갈망이 생긴다. 그 결과 그들은 여전히 세상에 있지만 세상의 사고방식에서 벗어난다. 오히려 세상의 진정한 필요를 보고, 그에 맞게 세상을 섬기려 한다. 그러므로 세상이 그들을 이해하지 못해도 우리는 놀라서는 안 된다. 세상은 그들이 우월감을 품고 행동한다며 그들을 못마땅하게 여길 때가 많다.

셋째로, 방금 말한 내용에 뒤이어 성령은 **우리의 삶을 변화시키신다**. 그분은 우리를 **믿음**과 **회개**의 길로 인도하시는데, 이 둘은 다름 아닌 일상생활의 원리다. 흔히들 이 두 실체를 별개로 생각하지만 사실은 동전의 양면처럼 하나다. 곧 보겠지만 그 하나란 바로 **하나님께로 돌아서는 것**이다.

믿음은 우리의 창조주 하나님과 구주 예수 그리스도께서 정말 실존하신다는 깨달음으로 시작되며, 이 깨달음을 주시는 분은 성령이시다. 우리는 늘 하나님의 손안에 있으며, 결국 그분이 우리의 영원한 운명을 결정하신다. 십자가에서 죽으시고 이제 영화롭게 되신 그리스도는 구원을 주시려고 우리를 자신께로 초대하신다. 믿음이 피어나면 동의와 신뢰, 인정과 헌신의 반응이 나온다. 우리가 그런 반응을 보이는 대상에는 성령을 통해 친히 인격적으로 다가오시는 예수님 자신은 물론이고 또한 사도들의 복음에 나타난 하나님의 은혜 그리고 성경에 밝혀진 하나님의 약속들도 있다. 이 반응은 지적인 수용, 정적인 영접, 의지적인 복종이 한데 어우러진 것이다. 이제 우리는 생활방식을 재정비하여 늘 구주의 부양가족이자 제자로서 그분을 섬긴다. 그래서 **소망**은 하나님의 약속들에 근거하여 앞을 내다보는 믿음이고, **기쁨**은 구주를 아는 지식과 구주와 함께 누릴 영원한 영광을 되새기는 믿음이며, **회개**는 과거의 오류와 잘못을 버리는 믿음이다.

회개란 죄를 버린다는 뜻이다. 그래서 회개는 대개 후회와 뉘우침으로 시작되지만, 그 이상이다. 회개는 잘못된 일을 실제로 버리고 옳은 일로 대신하는 것이다. 그동안 행한 일들과 굳어진 습관들이 하나님 보시기에 죄임을 깨닫고 끊는 것이다. 십자가를 통해 용서를 구하고, 죄를 완전히 버릴 수 있는 힘을 구하는 것이다. 그 일이 마치 손발을 찍어내거나 눈을 빼어내는 것처럼 느껴질지라도 말이다(참조 마 5:29-30, 18:8-9). 참된 회개가 시작되기 전에는 그리스도를 믿는 믿음의 삶도 시작되지 않는다. 나아가 우리는 아무리 노력해도 수시로 다시 죄에 빠지기 때문에, 참된 회개는 일상의 훈련이 되어야 한다. 그리스도인들은 반복해서 용서받음으로 살아가며, 용서는 바로 회개할 때 받는다. 여기서 네 번째 요지가 나온다.

넷째로, 성령은 우리의 성품이 **그리스도를 닮아가게 하신다**. 예수님은 하나님의 가장 큰 두 계명인 하나님 사랑과 이웃 사랑을 완벽하게 실천하여 우리 모두의 모본이 되셨다. 거듭난 사람들의 제자도는 영적 아기의 상태에서 시작된다. 분별력과 자제력이 아직 다 개발되지 않은 상태다. 그들 내면의 죄는 지배권을 빼앗겼지만 아직 망하지는 않았으므로, 여전히 그들을 약탈하고 지배권을 되찾으려고 발악한다. 거듭난 사람들은 거기서부터 출발하여 성령의 능력으로 말미암아 그리스도를 닮은 장성한 모습으로 자라가야 한다. 바르게 살아가려는 그들의 의지적 노력을 성령께서 지속시켜주신다. 이 전체 과정을 대개 성화라 한다. 성화란 한편으로 새로운 덕의 습관들을 기르는 것이고, 한편으로 기존의 악한 습관들을 삶에서 몰아내는 것이다. 후자의 과정을 바울은 두 개의 생생한 동사로 표현하는데, 둘 다 뭔가를 죽인다는 의미다. 실제로 둘 다 전통적으로 "죽인다"는 단어로 번역되었다(롬 6:13, 골 3:5). 전자의 과정에 대해 할 말은 이것이다. 덕이란 성령의 생명력을 통해 초자연적으로 살아나고 점점 더 실천된다. 성령에 힘입지 않고는 그리스도를 닮을 수 없다. 바울의 말대로 "사랑과 희락과 화평과 오래 참음과 자비와 양선과 충성과 온유와 절제"는 곧 "성령의 열매"다(갈 5:22-25). 이 모두가 한 사람의 성품 안에 하나로 어우러진다. 이것은 예수님의 도덕적 초상인데, 이제 그것이 그분의 충성된 각 제자 안에 재현된다. 이렇게 성령의 역사를 통해 그리스도를 닮은 모습을 드러내는 것이야말로 그리스도인의 분명한 목표가 되어야 한다. 성령께 저항하지 않고 성령을 의지하면, 그분이 능력으로 우리를 도와 이 목표를 이루게 하신다.

죄에 대하여 죽는다

그러나 내면의 죄는 신자들에게 평생의 문제다. 나팔꽃은 나팔 모양의 흰 꽃으로 울타리를 뒤덮다가 해가 나면 시드는 덩굴식물인데, 뿌리가 어찌나 얽히고설켜 퍼져나가는지 일단 퍼진 뒤에는 다 뽑아내기가 불가능하다. 성경이 말하는 죄도 그와 비슷하게 무섭도록 얽히고설켜 표출된다. 하나님을 대적하고 지혜를 대적하고 인간을 대적하는 죄라는 욕구는 히드라처럼 머리가 많다. 지독히도 교활하고 기만적인 죄는 사탄의 분신처럼 활동하며, 새로운 방식들을 찾아내 우리 안에 모습을 드러낸다. 어거스틴에서 C. S. 루이스에 이르기까지, 죄의 본질은 교만으로 진단되었다. 그 둘 사이의 구름 같이 허다한 증인들도 그 점을 확증해주었다. 죄는 늘 옳아 보이려 하고, 늘 앞서려 하며, 늘 꼭대기에 올라서려 하는 욕망이다. 음흉하게 숨어 다니는 교만은 무수히 많은 방식들로 사람의 삶 속에 모습을 드러낸다. 그러면서도 본인의 눈에 띄지 않고, 악의 본색을 들키지 않는다. 교만의 표출 방식 하나를 겨우 파악하고 물리쳐 잠시나마 죽였다 싶으면, 또 다른 방식이 등 뒤에서 고개를 쳐든다. 이를테면 죄에 민감해져 죄를 열심히 죽이고 있는 자신에 대해 교만해질 수 있다. 그래서 전체 과정을 다시 거쳐야 한다. 삶이 계속되는 한 이 작업도 끝이 없다. 그러므로 죄와 싸울 때는 기본 동작으로 이런 기도를 되풀이해야 한다.

하나님이여 나를 살피사 내 마음을 아시며
나를 시험하사 내 뜻을 아옵소서
내게 무슨 악한 행위가 있나 보시고
나를 영원한 길로 인도하소서(시 139:23-24).

죄처럼 거룩함도 마음에서 시작되기 때문이다. 실제로 거룩함은 마음속에 도사리고 있는 불경한 태도들과 욕망들을 분별하여 퇴치할 때에만 깊어진다. 이런 맥락에서 예수께서 겟세마네 동산에서 잠든 제자들에게 주신 말씀은 두루 적용된다. "시험에 들지 않게 깨어[방심하지 말고] 기도하라"(마 26:41). 이 모든 과정에서 성령은 다음과 같은 역할을 하신다. 성령은 우리의 마음을 살펴 그 실상을 우리에게 알게 하신다. 성령은 온갖 편만한 악에 대해 늘 깨어 기도하도록 우리를 붙들어주신다. 성령은 유혹이 찾아올 때마다 우리가 넘어지기 전에 그것을 알려주신다. 성령은 우리를 향한 그리스도의 사랑을 늘 상기시키신다. 그 값진 사랑이 우리를 강권하고 낮추며 동기를 불어넣어준다. 이처럼 성령은 우리에게 주님을 기쁘시게 해드리고 싶은 갈망을 키워주시며, 그래서 우리는 어떻게든 주님께 감사를 표현하고 싶어진다. 아울러 성령은 경솔하고 무책임하게 주님께 불순종한다는 생각 자체가 갈수록 싫어지게 만드신다.

연령과 건강과 환경에 따라 유혹이 달라짐을 알아야 한다. 어떤 유혹은 사라지고, 어떤 유혹은 변화하고, 어떤 유혹은 대체되고, 어떤 유혹은 재발한다. 자기중심적인 교만의 증상은 온갖 자기주장을 통한 자기연민에서부터 맹목적 옹고집에 이르기까지 다양한데, 청년 때가 다르고 중년과 노년 때가 또 다르다. 소외된 빈곤층을 노리는 유혹과 선망 받는 부유층을 노리는 유혹도 서로 다르다. 유혹에서 벗어난 줄로 착각하다가 다른 종류의 유혹에 빠질 수 있다. 그러므로 참된 경건에 이르려는 싸움은 계속되며, 교활한 죄의 공격은 끝이 없어 보인다.

존 웨슬리는 자신의 감리교 모임에 들어오려는 사람들에게 여러 가지 질문을 했는데, 그중 다음 두 질문은 영적 솔직함이 깊어지는 두 단계를 보여준다. "당신은 자신의 잘못을 지적받을 마음이 있는가? 모든 잘못을 적나라하게 지적받을 마음이 있는가?" 우리가 성령의 사역에 진지하게 자신을 열어드리면 그분은 바로 그런 일을 하신다. 그리하여 우리를 죄와 싸우도록 인도하신다. 하지만 우리는 진지한가? 많은 그리스도인들에게 이 질문은 아직 답이 없는 상태로 남아 있는 것 같다.

지금까지 우리 개인들을 향한 성령의 사역에 대해 살펴보았는데, 이 내용은 다분히 사도들의 목회서신에서 온 것이다. 지역교회들을 대상으로 한 그 서신들은 직간접으로, 교회의 공동생활 속에 함께하시는 성령을 중심으로 하고 있다. 이 주제를 마무리하려면 이제 그 부분으로 넘어가야 한다.

살아 있는 교회

사도 바울은 비범한 교회 개척 전도자이자 목회자였다. 그의 사고와 기도를 지배한 것은 다분히 "날마다…모든 교회를 위하여 염려하는" 마음이었다(고후 11:28). 여기 모든 교회란 바울 자신 및 다른 사람들의 복음 전파를 통해 세워진 교인 수 10명, 20명, 30명, 50명, 80명쯤 되던(짐작이지만 실제로 그랬을 것이다) 작은 예배 공동체들이었다. 하지만 신학—하나님의 계시된 생각대로 생각하고, 사물을 그분이 보시듯이 보는 일—에 관한 한 바울은 이 교회들을 하나님의 범세계적 언약 백성, 하나님의 가족, 참 이스라엘, 새로운 인류, 국제 거듭난 신자 협회 등의 수많은 소우주, 지부, 견본, 모형으로 보았다. 나아가 그가 마음을 쏟은 이 교회들은 생명과 능력으로 서로 맞물린 단일한 실체의 수많은 축소판이었다. 눈에 보이지 않지만 강력한 그 실체란 바로 그리스도께서 머리이고 감독이신 한 몸이며, 또한 신랑이신 그리스도께서 아름답게 꾸며주시는 한 신부다(참조 엡 1:22-23, 5:25-32). 이렇듯 하나님의 백성은 그리스도 안에서, 그분과 함께, 그분을 통해, 그분 아래서 유기적으로 연합되어 있다. 주님도 친히 그것을 내다보시고 자신과 제자들의 관계를 포도나무와 가지에 비유하셨다(요 15:1-8). 하나님의 단일한 교회에 생명을 주시는 근원이 부활하신 주 예수님이시듯, 각 지역교회에 지속적으로 생명이 흐르게 하시는 분은 성령이시다. 그리스도와 연합하고 그분 안에서 서로 연합할 때 지역교회는 그 생명을 누린다.

바울의 이런 사고에 기틀과 내실을 다져주는 두 쌍의 핵심 개념이 있다. 첫 번째 쌍은 교회의 **연합**과 **사역**이다.

교회의 연합

아무리 강조해도 지나치지 않은 사실이 있다. 하나님 교회의 참된 유기적 연합—그분의 교회가 영적 삶의 범세계적 유기체로 그리스도 안에서 하나인 것—은 하나님이 이미 정해놓으신 것이다. 아울러 어느 경우든 교회의 경계선을 긋는 요인은 앞에서 설명한 믿음과 회개의 존재 또는 부재다. 바울은 "성령이 하나 되게 하신 것"(성령의 연합)을 분석하면서 "몸이 하나요 성령도 한 분이시니…한 소망 안에서…주도 한 분이시요 믿음도 하나요 세례도 하나요 하나님도 한 분이시니 곧 만유의 아버지시라"고 썼다(엡 4:3-6). 교회의 연합은 개신교나 천주교나 정교회 할 것 없이 모든 신자를 포용하지만, 그리스도를 믿는 인격적 믿음이 없다면 아무리 전적으로 교회를 지지하고 자기 교단에 대한 열정이 뜨거워도 하나님의 기준으로는 아직 교회 밖에 있다는 뜻이다. 후자에 해당하는 사람들이 도처에 많이 있다. 오래전부터 복음주의자들은 이런 논지에서 가시적 교회(우리 눈에 보이는 교회)와 비가시적 교회(하나님이 아시는 교회)의 차이를 강조했다.

교회의 사역

손, 발, 눈, 뼈, 힘줄, 피 등 인체 부위들이 서로 다르듯 바울은 교회도 그렇다고 말한다(고전 12:12-16). 두 경우 모두 다양성은 통합된 기능을 위한 것이다. 교회의 사역, 즉 봉사란 정확히 말해서 그리스도께서 그분의 사람들을 섬기시고 또한 그들과 함께 세상을 섬기시는 것이다. 이는 성령의 감화하심으로 그분을 대행하는 사람들을 통해 이루어진다. 이렇게 주 예수님께 쓰임 받는 재능을 가리켜 개인의 삶에 주시는 성령의 은사 또는 성령의 나타나심이라 한다(고전 12:4-11, 벧전 4:10-11). 그리스도 안에 살아 있는 사람은 누구나 그리스도의 손, 발, 입, 미소 등으로 부름 받고 준비되어 사랑으로 다른 사람들을 섬긴다. 그리스도의 몸이 예정대로 자라려면 모든 구성원이 사역자가 되어야 한다(엡 4:11-16).

교회가 하는 사역에 대한 사도의 생각은 두 가지 흐름으로 보충된다. 한편으로, 체계적으로 가르치고, 예배를 인도하고, 모든 연령층의 충실한 사람들을 훈련하고, 무질서한 사람들을 징계하고, 평화를 유지하고, 환자들과 가난한 사람들과 혜택 받지 못한 사람들을 돌보고, 교인들의 열정을 불러일으키는 일은 언제나 목양의 직무들이다. 따라서 유능한 사람들을 세워 장로와 집사로 섬기게 해야 한다. 다른 한편으로, 섬김의 은사는 모든 그리스도인에게 주어진 것이며(롬 12:4-8), 모든 은사는 사용하라고 주신 것이다. 따라서 각 개인은 자신에게 맞는 봉사를 찾아 교회 생활의 존속에 기여해야 한다. 그렇지 않으면 성령이 부분적으로 소멸되고, 교회가 성장하여 그리스도의 장성한 분량에 이르는 데 지장이 생긴다. 사역은 해도 그만 안 해도 그만이 아니라 누구나 반드시 해야 하는 것이다. 우리 모두가 똑같은 사역을 하는 것은 아니지만 모두가 함께 사역하는 것이다.

바울의 핵심 개념에서 두 번째 쌍은 지역교회의 **도덕성** 및 **생명력**과 관계된다.

교회의 도덕성

그리스도인들은 하나님의 자녀—아버지의 왕족에 속한 예수님의 형제자매—가 되었고, 예수님의 주권 아래서 그분의 제자로 살아간다. 따라서 우리는 개인으로나 공동체로나 겸손하고 경건하고 거룩하게 살도록 부름 받았다(벧전 1:14-17). 왕족의 생활방식은 모름지기 왕을 영화롭게 해야 한다. 교회는 "선한 일을 열심히 하"도록 부름 받았다(딛 2:14). 그런데 고린도 교인들은 걸핏하면 싸우고, 내부적으로 대립하고, 도덕적으로 용납할 수 없는 일을 용납하고, 서로를 전혀 배려하지 않았다. 그야말로 사랑이 없었다고 할 수 있다. 그들은 기준에 턱없이 미치지 못했고, 은사 때문에 교만해져 삶 속에서 사랑을 실천하지 않았다. 바울은 그런 그들을 강하게 질타했다.

교회의 생명력

세상에 나가 제자를 삼는 일이야말로 교회를 향한 진군 명령이다(마 28:19-20). 그런데도 교회가 타성에 젖어 안으로만 파고든다면 이는 변명의 여지가 없는 일이다. 바울은 빌립보 교회가 "한마음으로 서서 한 뜻으로 복음의 신앙을 위하여 협력하는 것"과 "어그러지고 거스르는 세대 가운데서 하나님의 흠 없는 자녀로 세상에서 그들 가운데 빛들로 나타내며 생명의 말씀을 밝"힐 것을 생각하며 기뻐했다(빌 1:27, 2:15-16). 바울이 기뻐한 것으로 보아 모든 교회가 마땅히 그렇게 되어야 한다.

결론

성령에 대한 세 가지 기본 진리는 다음과 같다. (1) 성령은 하나님의 한 위격이시다. 삼위일체 하나님 안의 제3위이시며, 성부 성자와 구별된 존재로 하나님의 모든 활동에 참여하신다. (2) 하나님이라는 운영 팀에서 성령은 이를테면 실무 집행자이시다. 창조와 구속의 모든 업무가 성령의 실무 대행을 통해 이루어진다. (3) 성경 전체에 나타나는 성령의 특징은 그분이 늘 보조자로 숨으신다는 것이다. 관심의 초점은 성부나 성자나 그냥 하나님의 총칭이지 결코 독립된 성령이 아니다. 그분이 맡으신 실무의 역할은 곧 보조의 역할이다. 그분의 직무와 성취는 언제나 성부와 성자를 높이기 위한 것이다.

성령을 진지하게 대하려면 이런 관점을 받아들여야 한다. 세심한 관심을 품고 기도하며 그분을 생각해야 한다. 그분은 과거의 성취는 물론 앞으로 약속된 성취를 통해서도 성부와 성자를 영화롭게 하신다. 요컨대 성령을 진지하게 대하면 다음과 같은 특징이 나타난다.

- **그리스도인들이 성실하게 개인적 거룩함을 추구한다.** 제자도

의 훈련들을 실천하고, 은혜와 성장의 통로들(성경 읽기, 매일의 기도, 꾸준한 교제, 능동적인 예배와 전도, 성만찬 참여 등)을 십분 활용한다.

- 예배와 교제와 성숙과 전도와 구제에서 **그리스도인들이 성실하게 교회의 쇄신에 힘쓴다.** 성령께서 봉사하라고 주신 은사로 모두가 반드시 섬김을 베풀고 또 받도록 목사와 교인들이 힘을 합한다.

- **그리스도인들이 건전한 교리를 성실하게 공부하고 고수한다.** 성령께서 가르치시는 성경의 진리가 곧 그분이 신자들의 심령을 튼튼하고 건강하게 하시는 통로이자 양분이기 때문이다.

- **그리스도인들이 복음 전파를 위해 성실하게 노력하고 기도한다.** 하나님이 우리에게 성령을 주신 것은 온 세상에 그리스도의 나라를 확장하는 위대한 사업을 감당하도록 능력을 주시기 위해서다(참조 요 16:7-11).

- **그리스도인들이 성실하게 주 예수 그리스도를 신뢰하고 사랑하고 경배하고 감사하고 찬양하고 힘써 기쁘시게 한다.** 그들의 구주요 친구이신 그분을 영화롭게 하시려고 성령이 우리 안에, 우리와 함께 계신다(요 16:14).

이제 조용히 생각하며 솔직히 자문해보자. 우리는 성령을 얼마나 진지하게 대하고 있는가? 지금부터 얼마나 진지하게 대할 것인가?

연구 및 토의 질문

1. 오늘날 성공회와 복음주의가 대체로 성령을 진지하게 대하지 않는다는 데 당신도 동의하는가? 왜 그런가? 혹은 왜 그렇지 않은가?

2. 당신의 교회는 성령을 높인다고 말할 수 있는가? 교회 생활의 요소들 가운데 혹시 성령의 사역을 방해하는 부분이 보이는가?

3. 성령이 개인들에게 하시는 사역에 대한 이번 장의 설명에 공감하는가? 아니라면 왜 아닌가?

4. 성령이 교회 안에서 하시는 사역에 대한 이번 장의 분석을 받아들이는가? 거기에 덧붙일 부분이 있는가?

5. (1) 개인의 쇄신과 (2) 교회의 쇄신에서 핵심 요소는 각각 무엇이라 보는가?

6. 당신이 성령을 받았고 성령께서 당신 안에 내주하심을 어떻게 알 수 있는가?

7. 개인적 거룩함의 특징은 무엇이라 생각하는가?

7
세례에 진지하라

Taking Baptism Seriously

우선 세례의 의미부터 분명히 해두자.

세례의 기본

우리 주 예수 그리스도께서 지상 사역을 마치실 때 두 가지 의식을 규정해주시며, 제자들에게 그분이 떠나신 뒤로 그것을 영원히 지키라 하셨다.

첫 번째는 일종의 기념 식사로, 실제로 유대교의 유월절 식사 중에 제정되었다. 이는 주의 만찬, 성만찬, 영성체 등으로 불리며, 꾸준히 반복하도록 되어 있다. 사도적 공동체들은 처음부터 매 주일(일요일)은 물론, 신자들이 함께 모여 예배하던 다른 때에도 이것을 지켰던 것 같다(참조 행 2:42, 46, 20:7, 11, 고전 11:20-34).

두 번째는 부활하신 예수께서 사도들에게 주신 지상명령에 나오는데, 전신을 완전히 씻는 상징적 행위다. 여기에 수반되는 문구는 구주께서 명확히 규정해주셨지만("아버지와 아들과 성령의 이름으로"),

행위 자체는 유대인이 아닌 개종자―회심자―를 유대교 공동체에 받아들이던 과정의 일환으로 이미 사용되고 있었다. 예수님의 사촌인 세례자 요한도 일찍이 사람들에게 자신의 사역에 참여한다는 표시로 세례를 요구했다. 그의 세례는 철저한 개인적 회개를 통해 각자가 아는 죄를 버리고 메시아의 임박한 출현에 대비한다는 증표였다. "씻는다"는 뜻의 헬라어 단어에서 온 **세례**는 이미 그 절차를 가리키는 명칭으로 굳어져 있었고, 세례를 베푸는 사람을 세례자라 했다. 예수님 시대에 세례는 현재의 더러움을 씻어 완전히 새로운 삶을 시작한다는 상징으로 당연히 받아들여지고 있었다.

실제로 세례 행위는 다음과 같이 이루어졌던 것으로 보인다. 세례 받는 사람들은 일단 물가로 간 다음, 거기서 잠시 물속에 문자적으로 잠기거나 아니면 물속이나 물가에 똑바로 선 채로 머리에 물이 부어져 은유적으로 잠겼다. 둘 다 유대교에서 대등하게 시행된 방법이었는지, 요한의 사역에서 어느 한 쪽이 다른 쪽보다 표준이었는지, 예수께서 두 방법 중 하나를 지정하셨는지 등은 아무데도 나와 있지 않으며 중요해 보이지도 않는다. 어느 방법을 쓰든 상징은 분명하다. 처음에 물속에 들어가는 행위는 지금까지 살아오던 방식을 버리고 끊는다는 상징이고, 다시 물속에서 올라오는 행위는 이제부터 새로운 방식으로 살아간다는 상징이다. 분명히, 중요한 것은 그것이다. 씻는 상징이 보여주듯이, 이 헌신은 과거를 용서받고 새 출발을 한다는 해방의 틀 안에서 이해되었다. 이렇듯 세례는 종결과 입문과 시작의 의식이다. 따라서 사안의 속성상 세례는 각 사람에게 평생 한 번만 시행하도록 되어 있다.

예수께서 이 두 의식을 명하셨다는 사실은 그만큼 그것이 그분께 중요했다는 뜻이다. 분명히 그분은 이 둘을 그리스도인의 삶의 시작과 지속을 대변하는 일로 보셨다. 곧 살펴보겠지만 그분이 제자들에게 제시하신 세례와 성만찬은 둘 다 성령과 믿음을 통한 그분 자신과의 독특한 결속을 가리키고 예찬하고 굳건히 한다. 우리를 그리스도 안의 생명과 이어주는 신자의 탯줄이라 할 수 있다. 지금 시작된 그 생명을 우리는 장차 온전히 누리게 된다. 부활하여 통치하시는 그리스도는 우리의 죄를 담당하신 구속자, 우리의 주권적 주님, 친구와 형제, 도움과 소망이시다. 그분의 아버지는 은혜와 입양으로 우리의 하늘 아버지가 되셨다. 이 두 분과의 연합과 교류—의지적이고 체험적인 교제—야말로 참된 기독교의 본질인데, 세례와 성만찬이라는 두 의식이 의미하고 상징하고 보증하는 것이 바로 그 초자연적 삶이다. 이 삶의 기초는 하나님의 귀한 약속들과 불변의 사랑이며, 우리 안에 그 삶을 지속시켜주시는 분은 성령이시다.

기독교 교회는 그리스도께 배운 대로 늘 세례와 성만찬을 중대사로 여겼고, 점차 세 가지 다른 방식으로 그것을 지칭하게 되었다. 셋 다 두 성례의 본질적 특성을 하나씩 부각시켜준다.

첫째, 사도 시대 이후의 초기 신학은 신약성경과 마찬가지로 로마 제국의 공용어인 헬라어로 기록되었는데, 헬라어 신학에서 이 두 의식은 **신비**(*mustēria*)로 불렸다. 이 단어가 쓰이면 그것이 지칭하는 대상에 두 가지 개념이 실린다. 즉, 그것을 계시로만 알 수 있고, 어느 정도까지만 알 수 있다는 것이다. 우리의 유한한 머리로 이해할 수 없는 부분이 더 있다. 두 의식이 공히 보여주는 계시된 실체는 하나님의 **실존**, 그리스도의 **실존**, 천국의 **실존**, 새 생명의 **실존**이다. 이는 눈에 보이지 않지만 영원한 실체들이다. 복음의 메시지는 우리를 불러 이 실체들을 인정하고 그것과 관계를 맺으라 한다. 세례와 성만찬이라는 두 의식도 바로 이 실체들을 가리키라고 하나님이 주신 표지판이다. 둘 다 확실한 감각적 경험을 불러일으켜 우리에게 그에 상응하는 실체들을 확신시켜준다.

예컨대 성만찬이 우리 안에 불러일으켜야 하는 생각이 무엇인지, 종교개혁의 대표적 문건인 하이델베르크 교리문답 75번 문항의 답에 잘 나와 있다.

> 그리스도께서 내게 명하시기를…그분을 기념하여 이 빵을 떼어 먹고 이 잔을 마시라 하셨다. 이로써 그분은 두 가지 확신을 주셨다. 첫째, 그분은…십자가에서 나를 위해 몸을 찢으시고 피를 흘리셨다. 이는 내 눈으로 이 빵과…잔을 보는 것만큼이나 확실하다…. 둘째, 십자가에 달리신 몸과 흘리신 피로 그분은 친히 내 영혼을 먹이시고 길러서 영생에 이르게 하신다. 이는 내가 이 빵과 잔을 받아 맛보는 것만큼이나 확실하다.

보고 맛보는 것만큼이나 **확실하다**는 말이 핵심 문구이자 생각의 축이다. 이 경우에는 보는 것이 곧 믿는 것이다. 성만찬이 위와 같은 확신을 주는 원리는 바로 거기에 있다. 다시 말해서 상징물을 묵상하고 실제로 섭취할 때, 자신이 그 상징되는 실체에 참여하고 있다는 믿음이 확인된다. 세례도 이와 비슷하다. 과거에 세례 받은 사실을 기억하거나 상기할 때, 현재의 자신이 그리스도와 함께 죽고 다시 살아난 존재라는 믿음이 확인된다. 아울러 신자의 소명도 확인된다. 신자는 하나님이 주신 새 생명을 지금 여기서 살아내고, 세상과 달라짐으로써 세상을 변화시키도록 부름 받았다. 이 문제는 뒤에서 더 다룰 것이다. 이렇게 두 의식은 하나님이 우리의 삶을 지배하고 계시다는 확신을 부각시켜준다. 그런 의미에서 세례와 성만찬은 **신비**이며, 그리스도를 통한 하나님의 과거와 현재의 구원 사역을 가시적으로 드러내준다.

둘째, 라틴어를 쓰던 서로마 제국의 교회들은 처음부터 이 두 의식을 오늘날의 가장 보편적 명칭인 **성례**(*sacramentum*)라 불렀다. 이것은 본래 군대 용어로, 로마의 깃발 아래 모인 병사들이 제국에 전적인 충성을 맹세하던 엄숙한 선서를 의미했다. 그리스도인들이 이 단어를 차용하면서 비유의 방향이 바뀌어, 이제 맹세의 주체가 하나님으로 인식되었다. 이는 예수 그리스도를 구주와 주님으로 영접하고, 회개의 믿음을 고백하며, 평생 하나님께 전적으로 충실하고자 헌신하는 모든 사람에게 하나님이 구원을 보장하시는 약속이다. 신자의 고백은 그 자체로 중요하지만 어디까지나 반응이며 따라서 파생물로 간주되었다. 하나님이 직접 하신 서약에 비하면 그 중요성이 부차적이었던 것이다.

16세기의 성공회 신앙고백인 39개 신조 제25조에 이런 말이 나온다. "그리스도께서 제정하신 성례는 그리스도인의 고백의 상징이나 표식일 뿐 아니라 **오히려** 은혜의 확고부동한 증거요 유효한 증표다…이로써 하나님이 우리 안에서 보이지 않게 일하시며, 또한 그분을 믿는 우리의 믿음을 자극하시고 굳히시고 확증하신다." 여기 "오히려"라는 단어에 최고의 중요성이 암시되어 있다.

이어 재세례파를 염두에 두고 위 내용을 적용한 제27조에는 이렇게 단언되어 있다.

> 세례는 그리스도인을 다른 사람과 구별해주는 고백의 증표이자 차이의 표식일 뿐 아니라…또한 중생이나 새로운 출생의 증표다. 이런 점에서 세례는 세례 받는 그리스도인이 **정당하게** 교회에 **접붙여진다**는 **증서**와 같고, 우리의 죄를 용서받고 성령을 통해 하나님의 자녀로 입양된다는 약속에 가시적으로 **서명 날인하는** 것과 같다. 믿음이 확증되고, 하나님께 드려지는 기도를 통해 은혜가 더해진다. (강조 추가)

배후에 깔려 있는 법적 개념에 주목하라. 흔히 간과되는 부분이다. 바울의 저작에서도 그렇고 오늘날의 법적 거래에서도 그렇고, **날인**은 진술된 약속의 진정성과 구속력을 엄숙히 확증해준다. 여기 **증서**란 16세기의 많은 서류처럼 법률 서류를 가리킨다. 특정인의 소유권이나 일정한 혜택을 누릴 특권을 명시한 양도 증서라 할 수 있다. (이 경우, 참된 교회의 특권이란 곧 하나님과 연합된 진정한 삶에 참여하는 것이다. 바울이 로마서 11장 17-24절에 쓴 원예의 은유를 빌려 여기에도 그 삶이 **접붙임**으로 표현되어 있다.) 아울러 주목할 것이 있다. **정당하게**(가장 권위 있는 라틴어판에 recte라 되어 있다)라는 말은 "올바른 의식(儀式)을 통해서"라는 뜻이 아니라 "마땅히 되어야 하듯이"라는 인격적 의미다. 1604년에 크랜머의 기도서 교리문답에 추가된 다음과 같은 설명이 1662년판 『공동 기도서』에도 그대로 들어 있다.

> 문: 세례 받는 사람의 자격 요건은 무엇인가?
> 답: 회개와 믿음이다. 회개는 죄를 버리는 것이고, 믿음은 이 성례에 담긴 하나님의 약속을 확고히 믿는 것이다.
> 문: 그렇다면 유아는 나이가 어려 그 요건을 수행할[즉, 아직 회개하고 믿을] 수 없는데 왜 세례를 받는가?
> 답: 보증인[즉, 대부모, 부모, 보호자]이 회개와 믿음을 둘 다 약속하기 때문이다. 유아가 성년이 되면 그 약속을 직접 수행할 의무가 있다.

이렇듯 성례라는 표현은 미래의 구원 활동에 대한 하나님의 약속을 부각시키고 보증해준다. 아울러 그것을 회개와 믿음의 삶이라는 우리 쪽의 약속과 결부시킨다. 각 개인은 세례 받을 때 반드시 그런 반응을 보여야 하며, 매번 성만찬에 임할 때마다 그것을 새롭게 해야 한다.

셋째, 여러 세기에 걸쳐 유아세례가 서구 세계 전역에 표준이 되었다. 유아세례는 세례명을 주는 관례인데, 그 후에는 당연히 순서에 따라 성만찬—성체 미사를 지금은 그렇게 부른다—에 참석하게 된다. 하지만 이는 이해와 소통이 결여된 수동적 참석이다. 믿음과 회개로 반응하고 헌신해야 할 필요성은 실종되었고, 두 가지 성례 모두 집례만 제대로 하면 거기에 담긴 복이 자동으로 전해진다는 개념이 확산되었다. 이런 미신적 성례주의에 반발하여 개신교 일각에서는 **성례** 대신 **예식**이라는 말을 쓴다. **언약 예식**이라고 더 부연해서 말할 때도 있다.

그것은 신학적으로 유익한 일이다. **예식**(ordinance, 명령)은 이 의식이 하나님의 명령임을 밝혀주고, **언약**은 의식의 핵심적 의미를 짚어내기 때문이다. 성경에서 언약이란 양측이 서로 호의와 충절을 지키겠다는 포괄적 약속이자 계약이다. 일반적 공식은 "나는 당신의 것이고 당신은 나의 것이다"이다. 인간관계 중에서 최고의 예는 결혼이다. 예수님은 마지막 식사 자리에서 포도주를 "내 피로 세우는 새 언약"이라 표현하셨는데, 이는 예레미야 31장 31-34절에 나오는 선지자의 예언을 상기시킴과 동시에 잠시 후에 자신이 죄를 대속하는 제물이 되실 것을 내다보시고 하신 말씀이다. 또한 하나님은 옛날에 세례의 전조인 입문 의식을 제정하시면서 아브라함에게 "너희 중 남자는 다 할례를 받으라 이것이 나와 너희와 너희 후손 사이에 지킬 내 **언약**이니라"(창 17:10)고 말씀하셨다. 요컨대 언약이란 성부, 성자, 성령과 회개하는 신자가 쌍방간에 연합과 충실과 불변의 사랑을 서약한다는 뜻이다. 양측 사이의 구원 관계는 그런 요소들로 이루어진다. 하나님과 우리의 상호 결속은 바로 이런 관점에서 최종 설명되어야 한다.

지금까지는 세례와 성만찬을 한 쌍으로 묶어 살펴보았다. 둘은 정말 한 쌍이다. 이제부터는 세례에만 집중하고자 한다.

세례의 행위

이번 장의 바탕에 깔려 있는 확신이 있다. 다른 많은 신자들은 물론이고 성공회의 모든 학파에 적어도 한 가지 공통점이 있으니 곧 세례를 진지하게 여기지 않는다는 것이다. 말로는 세례를 중시하며 신학에서 크게 다룰지 모른다. 하지만 우리는 세례를 그리스도인의 정체성을 설명하는 한 결정적 요인으로 보지 않으며, 세례에 대해 많이 생각하거나 기도하거나 말하지 않는다. 설교자들은 세례를 강조하는 일이 거의 없다. (세례 예배를 제외하고 이 주제에 대한 설교를 마지막으로 들은 것이 언제인가?) 설령 강조한다 해도 그들은 세례에 대해 감격하지도 않고, 세례를 늘 의식하며 살아야 한다고 역설하지도 않는다. 내가 다니는 교회처럼 유아세례가 규범이 된 교회들일수록 특히 더 그런 것 같다. 세례 일정은 대개 주일로 잡히는데, 마치 더 중요한 일을 다루는 예배에 세례를 형식적으로 끼워 넣는 것처럼 느껴진다. 다른 행성에서 누가 와서 본다면 당연히 이런 결론을 내릴 것이다. 현대 교회의 성인들에게 세례란 까맣게 잊기 쉬운 희미한 과거 속의 지엽적인 일일 뿐이라고 말이다. 하지만 세례는 오늘의 그리스도인의 삶에 지속적으로 중심적 의미를 지니는 사건이 되어야 한다.

이것을 2세기에 회심자의 세례를 시행하던 방식과 대조해보라. 그때는 아직 기독교가 규정상 불법이었고, 지방 치안판사의 기분에 따라 공식적으로 박해를 받을 수도 있었다. 교회력에서 가장 중요한 날은 부활절인데, 당시의 세례는 그 부활절 축제의 가장 중요한 부분 중 하나로 짜였다. 회심자들은 이미 3년 동안 교리교육을 받고 회중 앞에서 확실히 신앙을 고백했다. 이 교리교육은 그리스도인의 삶의 기준이 되는 진리들, 그 진리대로 사는 법, 신앙과 삶에 대해 분별하고 피해야 할 당시의 오류 등에 대한 단계적 교육이었다. 이 회심자들은 부활절에 한 사람씩 옷을 모두 벗고 세 번 물에 잠겼다가 다시 흰옷을 입었다. 일주일 내내 그 옷을 입고 있어야 했다. 드디어 그들은 정식 구성원으로 회중 속에 받아들여졌고, 처음으로 성찬식에 참여할 수 있게 되었다. 이어 그들에게 세 차례 기름을 부음으로 의식이 마무리되었다. 축사(逐邪)의 기름은 악한 귀신들을 쫓아내기 위한 것이었고, 감사의 기름은 그리스도 안에서 회심자가 누릴 새로운 삶을 축하하기 위한 것이었다. 끝으로 주교가 감사의 기름을 한 번 더 부어, 성령께서 새로운 삶 전반에 능력을 주시기를 위해 기도했다. 정말 큰 행사가 아닌가? 두말할 것도 없다. 누구도 잊지 못할 일이었다. 세례식이 회심자에게 준 의미는 영국의 대관식이 그 주인

공인 왕에게 주는 의미와 같았을 것이다. 대관식은 이제 막 시작된 새로운 통치를 만천하에 알리고 축하하며 이를 위해 기도하는 시간이다. 나라에 새 시대가 도래하여 감사와 기쁨과 소망이 넘치는 시간이다. 새 왕이 정식 즉위하여 공인받는 시간이니 그야말로 엄숙한 일대 사건이다. 앞에서 말한 세례도 그와 마찬가지다.

그렇다면 세례에 진지해지자는 내 말은 거창한 의식을 바란다는 뜻인가? 아니다. 이렇게 묻는 이유는 그런 개념을 최대한 단호히 물리치기 위해서다. 물론 나는 의식을 반대하지 않는다. 이미 심중에 있는 것이 의식을 통해 표현되고 강화되는 한 의식은 문제가 없다. 하지만 지금 나의 관심은 다른 무엇이 아니라 마음의 상태에 있다. 당신은 철저히 2세기의 방식대로 세례를 받았을 수도 있다(그 방식은 적어도 5세기까지 사실상 그대로 지속되었고, 지금도 동방정교회에서는 성인 세례뿐 아니라 유아 세례에도 그것을 많이 살려내고 있다). 그리하여 이제 세례는 당신이 아끼는 추억이나 성장기의 확실하고 소중한 사건이 되었을 수 있다. 하지만 그러고도 당신은 세례를 성경적 의미에서 진지하게 대하지 않을 수 있다. 역사적으로 세례는 다양한 상황에서 다양한 방식으로 시행되었다. 우선 성인과 어린이와 품안의 아기가 두루 대상이 되었고, 방법도 물을 붓거나 뿌리거나 물속에 푹 잠기는 등 다양했다. 공적으로 회중의 일부나 전원이 참석한 가운데 주일 대예배의 일부로 또는 강가나 바닷가에서 야외 행사로 치러지기도 했고, 사적으로 예배 시간 이외에 교회나 집이나 병원에서 가족끼리 모여서 하기도 했다. 세례의 의미에 대한 신학적 교리도 아주 다양했다. 하지만 어떤 방법이나 교리나 상황도 본인이나 증인들이 세례를 진지하게 여기도록 보장해주지는 못한다.

그렇다면 세례에 진지하다는 말은 무슨 뜻인가? 세례를 바로 이해하면 그것이 우리에게 변화를 가져다줄 수밖에 없는데, 내 관심은 바로 그 변화에 있다. 지금부터 세 가지 성경적 분석을 통해 그것을 바르게 제시해보고자 한다.

세례의 신학

1. 예수님의 지상명령에 세례가 어떻게 제시되어 있는가?

마태의 기록에서 보듯이 이른바 지상명령은 "하늘과 땅의 모든 권세를 내게 주셨으니"라는 부활하신 구주의 중대 선언에 바로 뒤따라 나온다. 이어 그분은 "그러므로 너희는 가서 모든 민족을 제자로 삼아 아버지와 아들과 성령의 이름으로 세례를 베풀고 내가 너희에게 분부한 모든 것을 가르쳐 지키게 하라"고 하셨다(마 28:18-20).

"제자로 삼아"라는 말은 헬라어로 한 단어다. 요즘 우리가 양육을 총칭하는 말로 점점 많이 쓰고 있는 **제자훈련**과 같은 의미다. 하지만 그 말은 무슨 뜻인가? 일단 제자란 본질상 배우는 사람, 남에게 교육을 받는 사람이다. 반면에 양육자란 성장에 필요한 교육을 베푸는 사람이다. 내 친구 하나가 제복도 당당하게 『가서 학습자로 삼아』(Go Make Learners)라는 책을 썼는데, 거기서 그는 두 가지를 역설했다. 첫째, 세례를 통한 헌신의 핵심은 예수님의 가르치는 종들을 통해 평생 그분께 배우는 것이다. 사도들도 예수께서 육체로 계실 때 3년 동안 그분께 배웠다. 둘째, 사도행전에 기록된 초대 기독교에서, 그리스도를 믿는다고 고백하는 사람들에게 세례를 즉각 베푼 이유가 그 헌신으로 설명된다. 즉, 세례로 새로운 충성을 표현하기 전에 제자도에 대한 교육부터 더 받도록 요구하지 않았다. 내 생각에 두 가지 모두 맞는 말이다. 요컨대 세례는 회심자를 제자로 삼는 과정의 첫걸음이었다. 예수님 자신의 표현("제자로 삼아…세례를 베풀고…가르쳐…")이 그것을 자연스럽게 보여주고 권하는 듯 보인다.

하지만 세례란 세례 받는 사람이 그리스도께 보이는 반응이기 이전에 하나님의 구체화된 약속으로 보아야 한다. 동시에 그것은 삼위일체 하나님의 세 위격 모두의 부름이자 정당한 요구다. 여기 "—의 이름으로"라는 말은 흔히들 생각하듯이 "—를 대신하여," "—의 대행자로," "—의 권위로"라는 뜻이 아니다. ESV 역본의 난외주에 밝혀져 있듯이 그 말은 문자적으로 "—의 이름(명의) **속으로**"이다. 이는 마태가 원래 속해 있던 법률, 금융, 사업 세계에서 소유권 이전의 정황에서 쓰이던 표현이다. 우리가 타인의 "명의로" 돈을 예치하거나 재산을 등기한다고 말할 때와 비슷한 의미다. 이제부터 그 돈이나 재산의 소유권과 사용권은 상대방에게 있다. 따라서 세례자가 "아버지와 아들과 성령의 이름으로" 세례를 베푼다고 말할 때, 그 말은 세례 받는 사람이 성삼위 하나님께 이전된다는—지명되어 바쳐지고 양도된다는—선언이다. 이제 그 사람의 주인은 하나님이며, 기업식으로 말하자면 경영주가 바뀌었다. 아버지께서 입양하신 자녀이니 아버지의 것이고, 아들이 값 주고 사신 소유이니 아들의 것이며, 성령께서 변화시키실 대상이니 성령의 것이다. 물속에 들어갔다 나오는 의식이 가시적으로 서명 날인해주는 복들은 앞의 사실을 감사로 받아들이는 사람들의 몫이다. 그 복들이 정말 실체이며 나에게 제시된 것임을 세례 의식이 보여준다. 그런 면에서 세례는 언약이다. 세례를 통해 선포되는 것이 바로 그것이다.

2. 바울이 말하는 우리와 그리스도의 연합 속에 세례가 어떻게 맞물려 있는가?

바울은 하나님의 은혜의 통치가 죄와 사망의 통치를 이긴다고 당당히 선언한 뒤에 이렇게 반문한다. 이제 우리는 은혜를 더하게 하려고 계속 죄를 지을 것인가? 이어 그는 단호히 아니라고 일갈하면서 세례를 끌어들인다. 우리가 그리스도의 죽음과 부활에 동참하여 그분과 연합한 존재임을 세례가 보여준다는 것이다.

> 무릇 그리스도 예수와 합하여 세례를 받은 우리는 그의 죽으심과 합하여 세례를 받은 줄을 알지 못하느냐 그러므로 우리가 그의 죽으심과 합하여 세례를 받음으로 그와 함께 장사되었나니 이는 아버지의 영광으로 말미암아 그리스도를 죽은 자 가운데서 살리심과 같이 우리로 또한 새 생명 가운데서 행하게 하려 함이라 (롬 6:3-4).

골로새서의 그리스도인 독자들(로마서의 독자들처럼 바울이 만나본 적 없는 사람들이었다)에게 말할 때도 그는 그들이 이 연합을 통해 영적 할례를 받았다고 보았다.

> 또 그[그리스도] 안에서 너희가 손으로 하지 아니한 할례를 받았으니 곧 육의 몸을 벗는 것이요 그리스도의 할례니라 너희가 세례로 그리스도와 함께 장사되고 또 죽은 자들 가운데서 그를 일으키신 하나님의 역사를 믿음으로 말미암아 그 안에서 함께 일으키심을 받았느니라 또 범죄와 육체의 무할례로 죽었던 너희를 하나님이 그와 함께 살리시고 우리의 모든 죄를 사하시고(골 2:11-13).

두 본문 모두에서 그는 물속에 들어갔다 나오는 의식이 우리와 그리스도의 연합이 갖는 두 가지 측면을 대변해준다고 보았다. 이는 그리스도와의 영원한 구원 관계에서 가장 깊은 차원들이라 할 수 있다.

우리는 흔히 구원을 "그리스도를 통한 구원"이자 "그리스도 안의 구원"이라 표현한다. 바울도 구원을 이해하고 설명할 때 이 두 개념 사이를 계속 왔다 갔다 한다. 이 둘은 불가분의 관계이지만 하나로 축소될 수 없다. 사고의 이런 왕복 운동이 없이는 풍성한 구원을 표현할 길이 없다. 이는 다음과 같이 바울이 사용하는 여러 전치사를 통해 나타난다.

우선 사도 바울이 복음에 선포되는 하나님과의 새로운 관계—화해, 칭의, 사면, 평화, 용서, 입양—에 초점을 맞출 때를 보자. 그는 그런 것들이 우리 주 예수 그리스도를 통해, 그분으로 말미암아(전치사 *dia*) 우리에게 실체가 된다고 말한다. 그분은 우리를 위하여—즉 우리를 대신하여(전치사 *hyper*, 예: 롬 5:6-8, 갈 3:13)—죽으시고 부활하여 영광의 자리로 돌아가셨고, 지금 통치하고 계시며, 어느 날 이 땅에 다시 오셔서 우리가 죽은 후라면 우리를 다시 살리실 것이고 우리가 아직 살아 있다면 우리를 변화시키실 것이다. 그리하여 최후의 복과 영원한 부요를 누리게 하실 것이다. 여기서 바울은 다음과 같은 냉철한 인식을 일깨우려 하고 있다. 전에 그리스도 밖에 있을 때 우리는 망하고 잃어진 죄인이었다. 지금 우리가 누리고 있고 앞으로 영원히 누릴 구원은 철두철미하게 그분의 공로다.

하지만 바울이 복음에 입각한 그리스도인의 새로운 삶 자체를 거론할 때는 표현이 달라진다. 그는 늘 그것을 그리스도 안의(전치사 *en*, 무려 101번) 삶과 그리스도와 함께하는(전치사 *meta*, 16번) 삶으로 제시한다. 전자는 그리스도와 결속되고 연합된 삶이고, 후자는 그리스도와 협력하고 교제하는 삶이다. 이번에 바울이 유도하려는 냉철한 인식은 이것이다. 부활하여 능동적으로 통치하시는 그리스도는 우리가 다가갈 수 있는 분이며, 지금 성령을 통해 자신의 부활 생명의 권능으로 우리 안에 우리와 함께 계신다. 바로 그분이 우리를 이전과는 딴판인 현재의 우리로 변화시키셨고, 지금도 우리를 고쳐 점점 더 그분을 닮은 성품으로 빚고 계신다. 바울은 우리가 처음 그리스도를 믿어 그분과 연합했을 때 우리에게 어떤 일이 벌어졌는지 말해준다. 세상을 창조한 능력이 우리 각자의 정체는 그대로 둔 채 우리를 새로운 피조물로 만들었다(고후 5:17). 그리하여 죄성을 안고 태어난 우리의 자기중심적인 옛 존재 양식을 종결시키고, 다시 바울의 멋진 원예의 비유를 빌려 우리를 부활하신 주님께 접붙이고 이식했다. 덜 멋지게 말하자면 우리를 그분께 접속시킨 것이다. 그 직접적 결과로 우리에게 새로운 갈망과 새로운 능력과 새로운 기쁨이 찾아왔다. 바울의 영적 존재론이 말해주듯이, 이런 변화를 일으키신 하나님은 우리를 그분 자신의 작품으로 보시고 아신다. 우리는 그리스도 안에서 그분과 함께 십자가에 못 박혔고 그분과 함께 부활했다(참조 갈 2:20, 엡 2:5-6, 골 2:11-13).

물속에 들어갔다 나오는 세례는 바로 그런 변화를 상징한다. 그런 면에서 세례는 **그리스도 중심의** 성례다.

3. 세례는 교회와 어떤 관계인가?

교회론을 빼고는 바울의 복음이 성립되지 않으며, 교회론의 기본은 우주교회와 지역교회의 구분이다. 딱히 명시된 곳은 없어도 그런 구분이 그의 글에 일관되게 암시되어 있다. 우주교회는 그리스도를 믿는 신자들의 범세계적인 단일 공동체다. 지역교회는 특정한 곳에서 특정한 방식으로 모여 조직체를 이루는 특정한 무리의 신자들이다. 그들은 교회다운 행동 양식을 함께 생활로 실천하며, 그리하여 우주교회의 유기적 삶을 견본과 모형과 축소판으로 예시해준다. 그 우주교회를 바울은 한 몸으로 그려낸다. 다국적·다문화의 범세계적 교회는 한 몸으로 예배하고 섬기고 사랑하고 수고하고 고난당하고 성장하고 밖으로 나간다. 그 몸의 모든 구성원은 개인적으로 성령을 통해 주 예수님과 연합해 있으며, 주 예수님은 교회의 영원한 머리시다.

그 교회의 연합은 모든 구성원이 그리스도와 연합한 결과인데, 여기에는 수직적 차원만 아니라 수평적 차원도 함께 있다. 모든 신자는 사랑의 구주요 주님이신 그리스도와 연결됨으로써 자연히 서로와도 연결된다. 그러므로 그분을 사랑하고 섬기는 헌신은 곧 서로를 주님의 가족 된 형제자매로 사랑하고 섬기는 헌신이 된다. 에베소서에 우주교회에 대한 세 가지 중요한 은유―건물, 몸, 그리스도의 신부―가 나오는데, 모두 이런 의미의 공동체적 은유다. 또 다른 예로 자전거 바퀴를 생각해보라. 테 안의 바큇살은 각기 따로 축과 직접 연결되어 있을 뿐 아니라 축을 통해 다른 모든 바큇살과도 연결되어 있다. 그리하여 본연의 기능을 다하는 하나의 몸체를 이룬다. 바울은 교회도 그런 식으로 본다.

그러니 바울이 교회와 세례를 연관 짓는 것은 당연한 일이다. 분명히 그에게는 어떤 지역교회도 자신들의 본연의 정체가 정말 무엇인지 잊거나 몰라서는 안 된다는 우려가 있었다. 그래서 그는 다수의 교회들로 가시화되는 단일 교회가 "부르심을 받은 일에 합당하게 행"해야 한다고 설명하면서, 그리스도 안에서 교회의 연합을 구성하는 일곱 가지 요소를 나열한다. 그 목록을 보면 한 몸과 한 성령과 한 소망과 한 주님과 한 믿음 다음에 그리고 마지막 항목인 한 하나님 곧 아버지 직전에 "세례도 하나요"라는 말이 나온다(엡 4:1-6). 여기서 바울이 세례에 대해 말하려는 요지는 무엇인가? 피터 오브라이언(Peter O'Brien)이 그 물음에 잘 답해준다. "세례는 하나뿐이다. 신자들이 예수 그리스도라는 한 주님 안에 연합해 있고, 모든 그리스도인이 한 몸 안에 통합되어 있기 때문이다. 세례 받고 그리스도 안에 들어온 사람들은 그리스도로 옷 입었다"(갈 3:27). 그는 또 덧붙이기를 세례에 대한 바울의 전반적 가르침은 "그리스도와 영적으로 연합한다는 개념을…염두에 두지 않고는 의미를 잃는다"고 했다(*Letter to the Ephesians*, Grand Rapids: Eerdmans; Leicester, UK: Apollos, 1999, 284). 그리스도와 영적으로 연합한다는 것은 그분의 건물이자 몸이자 신부인 범세계적 단일 집단의 일원이 된다는 뜻이다. 어떤 사람들은 그 집단에 온전히 속해 있지만, 어떤 사람들은 바깥에 남아 있다. 이 집단이 아무리 내분으로 갈라져 있다 해도, 가시적 측면에서 볼 때 그 집단에 들어가는 의식은 전 세계적으로 하나뿐이다. 모두가 인정하는 의식, 모든 신봉자를 모든 비구성원과 구별하는 그 의식은 바로 삼위일체의 이름으로 베푸는 세례다. 이것이 세례의 의미에 담긴 **교회 중심적** 요소다.

세례와 유아

예수 그리스도를 자신의 구주와 주님과 스승과 지도자로 믿는다고 고백하는 성인들이 왜 세례를 받아야 하는지는 이제 분명해졌다.

예수께서 친히 그런 사람들에게 영원한 연합의 증표와 상징과 보증인 세례를 베풀라고 명하신다. 아버지와 아들과 성령과의 연합이 이미 그들의 것이기 때문이다. 세례는 그들에게 은혜의 통로다. 세례를 통해 그들은 자신을 품어주신 자비를 확신하게 되고, 그리스도와 연합하여 교제하는 삶의 실체와 그 결과를 늘 의식하게 된다. 물론 믿는다고 고백하고 세례 받은 사람인데 알고 보니 진정한 신자가 전혀 아닐 수도 있다(참조 예: 행 8:13-34, 고전 10:1-12). 하지만 썩은 사과 한 알이 나왔다 해서 주변의 멀쩡한 사과들까지 좋지 않다고 말할 필요는 없다. 하지만 그래도 남는 질문이 있다. 이런 내용을 하나도 이해하지 못하는 아기들에게는 왜 세례를 베푸는가? 성공회 및 다른 교단들은 무슨 근거로 유아 세례를 규범으로 삼고 있는가? 39개 신조 제27조에는 무슨 이유로 이렇게 단언되어 있는가? "어린 자녀의 세례는 그리스도께서 제정하신 제도에 더없이 부합하는 것으로 교회 안에 반드시 존속되어야 한다." 신약성경에 분명한 사례도 없고 명령도 없는데 유아 세례의 적합성을 어떻게 옹호할 수 있는가?

간단히 말해서(이 주제만 따로 다룬 책들도 있다!) 답은 이렇다. 성경 전체에서 보듯이 하나님은 부모와 부양자녀를 단일한 영적 단위로 대하시며, 유아도 부모와 함께 언약 공동체에 포함시키신다. 이는 캐나다 시민의 자녀가 부모와의 결속 때문에 태어나면서부터 캐나다 시민이 되는 것과 비슷하다. 어린 시민은 부모와 스승들에게 시민권의 의미를 배워, 때가 되면 시민권을 행사하게 된다. 마찬가지로 그리스도인의 자녀도 하나님께 공적으로 바쳐지고, 부모가 속해 있는 교회 공동체 속에 공적으로 받아들여진다. 이후의 양육을 통해 자녀는 그동안 상징과 표증으로 물려받았던 삶—그리스도 안에서 그분과 함께하는 삶—속에 본인의 의지로 전심을 다해 들어가게 된다. 다시 말해서 부모와 교회는 자녀가 그리스도를 인격적으로 믿도록 인도해야 한다. 어셔(Ussher) 대주교가 오래전에 썼듯이, "하나님이 세례를 통해 내게 어떤 선물을 보증하셨는지 깨닫고 실제로 그것을 믿음으로 붙잡을 때"에만 나는 "그것의 유익과 혜택[세례를 통해 내게 주어진 모든 약속과 권리와 특권]을 누린다." 『공동 기도서』의 지침은 다음과 같다. 유아 세례를 받은 사람은 청소년이 되어 교리교육의 내용을 배워야 하고, 그리스도를 인격적으로 믿어 하나님의 선물을 붙잡았다는 확실한 증거를 보여야 한다. 교회는 그런 사람에게 견진(입교)을 베풀고(즉, 본인의 고백대로 주교가 그를 신자로 인정하여 축복하고), 회중의 다른 모든 성인 신자들과 함께 성만찬에 동참하는 것을 환영해야 한다.

세례에 합당한 삶

앞서 말했듯이 우리 가운데 자신의 삶을 빚어나가는 부분과 관련해 세례를 생각하는 사람은 별로 없을 것이다. 물론 굳이 세례를 생각하지 않아도, 그리스도인이 길러야 할 태도와 헌신이 우리 안에 빚어질 수 있다. 하지만 군인이 군복을 입고 있으면 자신이 현재 복무중임을 기억하는 데 도움이 된다. 아울러 자신의 일차적 충성의 대상이 조국이고, 일차적 임무가 상관의 명령에 복종하는 것임도 잊지 않게 된다. 마찬가지로 자신이 세례 받았음을 기억하면 그리스도인으로서 자신의 헌신을 늘 생생히 의식하는 데 도움이 된다. 마르틴 루터(Martin Luther)는 고백하기를, 마귀나 그가 충동질하는 유혹과 자주 싸울 때면 "나는 세례 받았다"(*baptizatus sum*)라는 생각을 종종 했다고 한다. 매번 그 생각 덕분에 그는 견고하게 옳은 길을 갈 수 있었다. 우리도 당연히 그래야 한다. 특히 그리스도를 따르는 제자도에는 우리 영혼의 원수가 늘 잊어버리게 만들려 하는 세 가지 원리가 있다. 하지만 세례를 기억하면 그 세 가지를 늘 생생히 의식하는 데 도움이 된다.

1. 세례는 우리의 정체를 일깨워준다

우리는 자신이 누구인지 알고 있는가? 자신의 정체를 기억하고 있는가?

일반적으로 정체란 본인이 의식하고 있는 자아상이다. 정체의 형성에 영향을 미치는 요인은 대인관계, 환경, 여러 창의적 노력의 성공 여부 등이다. 그리스도인의 정체를 형성하는 요인은 우리의 구주, 주님, 하나님, 스승, 형제, 친구이신 그리스도와의 관계. 세례는 우리를 그 관계 속으로 데려가는 표증이고 상징이다. 제자의 정체는 점점 더 다음과 같이 표현되어야 한다. 제자는 경배하는 마음으로 위를 올려다보고, 영광을 고대하며 앞을 내다보고, 주님을 위해 사랑으로 남을 섬기고자 주변을 둘러보아야 한다. 세례를 통해 우리는 평생의 제자로 바쳐진다. 제자인 우리는 곧 구원받은 죄인이다. 은혜가 우리를 붙들었고, 구속자 예수께서 지금도 목자처럼 우리를 집으로 인도하신다. 우리는 특권을 입은 존재다. 우리가 죽는 날은 사실 세 번째 생일이다. 우리는 처음에 아기로 태어났고, 나중에 신자로 새롭게 태어났다. 두 번의 출생 때마다 경험이 넓어지고 기쁨이 커졌듯이 세 번째 생일에도 똑같을 것이다. 그리스도인의 죽음은 비극이 아니라 승격이다. 죽음이 아무리 이른 나이에 찾아와도 마찬가지다. 애통하는 사람들은 자신과 뒤에 남은 사람들을 위해 우는 것이지 앞서간 사람을 위해 우는 게 아니다. D. L. 무디(D. L. Moody)는 이런 명언을 남겼다. "어느 날 무디가 죽었다는 말을 듣거든 믿지 말라! 그날 나는 보좌 앞에 있을 것이다. 이전 어느 때보다도 더 살아 있을 것이다." 그리스도인 시인 로버트 브라우닝(Robert Browning)의 말처럼 "아직 최고가 남아 있다." 또 그리스도인 산문작가 조지 맥도널드(George MacDonald)의 말처럼 "우리도 죽음을 하나님이 아시는 대로 안다면 박수를 칠 것이다." 우리를 기다리고 있는 삶은 여태까지 경험한 그 무엇보다도 더 월등하다. 세례는 우리도 그리스도를 따라 죽음을 지나 부활의 삶에 들어간다는 사실을 상기시켜준다. 세례를 생각하며 살면 그리스도인으로서 자신의 정체에 대한 이런 측면을 늘 생생히 의식할 수 있다.

2. 세례는 우리의 거룩함을 일깨워준다

하나님은 우리를 지금 여기서 거룩해지도록 부르실 뿐 아니라 거룩해질 능력도 주신다. 우리는 그것을 분명히 알고 있는가? 늘 명심하고 사는가?

세례는 신자인 우리가 그리스도와 연합하여 그분의 죽음에 참여했다는 초자연적 실체를 선포해준다. 이 말은 이런 뜻이다. 하나님을 대적하는 세력인 죄는 비록 우리의 습성 속에 잔존하지만 우리를 지배할 힘을 이미 잃었다. 그래서 우리는 전에 할 수 없던 방식으로 죄를 실제로 물리칠 수 있다. "우리가 알거니와 우리의 옛 사람이 예수와 함께 십자가에 못 박힌 것은 죄의 몸이 죽어 다시는 우리가 죄에게 종 노릇 하지 아니하려 함이니"(롬 6:6, 참조 2-3절). 세례는 또한 우리가 그리스도와 함께 부활했음을 선포해준다. 이 말의 의미는 다음과 같다. "그가 살아 계심은 하나님께 대하여 살아 계심이니 이와 같이 너희도 너희 자신을 죄에 대하여는 죽은 자요 그리스도 예수 안에서 하나님께 대하여는 살아 있는 자로 여길지어다"(6:10-11). "이제는 너희가 죄로부터 해방되고 하나님께 종이 되어 거룩함에 이르는 열매를 맺었으니 그 마지막은 영생이라"(6:22). 그러므로 "너희 자신을 죽은 자 가운데서 다시 살아난 자 같이 하나님께 드리며 너희 지체를 의의 무기로 하나님께 드리라"(6:13). 우리의 개인적 삶은 이렇게 초자연적으로 변했다. 우리의 거룩한 머리이신 부활의 주님과 우리 안에 내주하시며 능력을 주시는 거룩한 영께서 이제 우리를 여러 훈련으로 인도하신다. 그중에는 죄를 물리치고 점진적으로 죽이는 훈련들도 있고(참조 롬 8:13, 골 3:5), 하나님의 율법과 그리스도의 모범을 통해 규정된 거룩한 습관들을 기르고 실천하는 훈련들도 있다(참조 갈 5:22-23, 엡 4:20-5:2). 세례를 생각하며 살면 특히 이 부분을 늘 상기할 수 있다.

3. 세례는 우리의 충절을 일깨워준다

주 예수 그리스도께 대한 충절이 우리의 삶을 움직이는 원동력인가?

충절은 감사와 찬양, 빚진 마음, 지속적 사랑과 보호에 대한 보답 등이 섞인 것이다. 예수 그리스도께 대한 충절은 제자도의 기본이다. 군인에게 군복이 국가와 국익을 위해 충성하겠다는 공약이듯이, 세례를 받았다는 사실은 우리에게 세상에서 그리스도와 그분의 대의에 일편단심 헌신하겠다는 막중한 책임으로 다가와야 한다. 세상과 육신과 마귀에 맞서 타협 없이 그리스도께 충성하고 어떤 상황 속에서도 그분을 위해 견고하고 강건하게 서는 것, 그것이 세례가 우리에게 요구하는 삶이다. 그러려면 반문화적이 되고, 체제에 순응하지 않고, 인기를 버리고, 반골로 비쳐지고, 신앙 때문에 불이익을 당해야 한다는 뜻인가? 때로는 그렇다. 신약성경에 아주 명백히 나와 있듯이 그것이 그리스도인의 정상적 노선이다. 동시에 그리스도께 충성하려면 세상과 달라짐으로써 세상을 변화시키려 해야 한다. 아버지와 아들과 성령이 세례를 통해 우리에게 충절을 서약하시듯이 우리 세례 받은 사람들도 자신을 그리스도께 무조건 충절을 서약한 존재로 보아야 한다. 우리는 어떤 변명이나 구실도 없이 지금 여기, 매일의 삶 속에서 그 충절을 실천하기로 헌신했다. 말하자면 우리는 군복을 받아 입었고, 그래서 『공동 기도서』의 표현대로 그리스도의 군사와 종으로 구별되었다. 세례를 기억하면 그 사실을 늘 상기하게 된다.

그래서 이 질문은 우리를 채근한다. 우리는 세례를 얼마나 진지하게 여기는가? 이제 답은 당신에게 달려 있다.

연구 및 토의 질문

1. 그동안 세례는 당신에게 얼마나 의미가 있었는가? 세례를 얼마나 자주 생각했는가? 삶을 빚어나가는 부분에 세례가 어떤 영향을 주었는가?

2. 세례 의식과 그리스도인의 개인적 자유는 어떤 관계가 있다고 보는가?

3. 어떤 의미에서 세례는 교회에 입문하는 길인가?

4. 유아 세례를 받은 사람들을 제자로 삼는 방법으로 무엇을 권하겠는가?

5. "세례가 우리의 신앙고백의 상징임을 늘 잊어서는 안 된다. 우리는 구주이신 그리스도를 따르며 그분을 닮아가기로 고백한다. 그분이 우리를 위해 죽으시고 다시 살아나신 것처럼 우리

세례 받는 사람들도 죄에 대하여 죽고 의에 대하여 다시 살아나야 한다. 모든 악한 욕망을 계속 죽이고, 날마다 모든 덕과 경건한 삶을 더해야 한다."(1662년 『공동 기도서』 세례 예배). 이 말이 당신에게 어떻게 다가오는가?

6. 세례의 의미를 계속 인식하게 하기 위해 교회가 해야 할 일이 있다면 무엇인가?

8
성만찬에 진지하라

Taking the Lord's Supper Seriously

실태 파악: 지혜와 잡초

내게는 몹시 불편한 의혹이 하나 있다. 우리 대부분이 마음 깊은 곳에서 성만찬을 전혀 진지하게 여기지 않는다는 것이다. 심지어 자신이 이 부분에서 부족한데도 그것을 전혀 모르고 있는 사람들도 많이 있다. 그것이 이번 장의 출발점이다.

물론 우리가 소속되어 있는 교회의 정규 예배에 성만찬이 들어 있을 수 있다. 당연히 그래야 하니까 우리도 성만찬에 참석하여 빵을 뗄 수 있다. 하지만 솔직히 인정해야 할 것이 있다. 정작 우리의 관심은 성례보다 설교에 있다. 설교를 더 중요하게 여기고, 설교에서 더 많은 것을 기대하며, 예배가 끝난 뒤에도 설교에 더 생각이 집중된다. 옛 그리스도인들은 설교와 성만찬을 둘 다 더없이 귀하게 여겼고, 성만찬에 임하는 마음 자세와 성만찬 이후의 예배 순서를 똑같이 중시했다. 어쩌면 우리도 그 사실을 알고 있지만, 알면서도 마음은 달라지지 않는다. 그런 구닥다리 행동에 오늘의 우리를 위한 지혜가 있다고 생각하지 않는 것이다.

그렇다면 우리 개신교는 왜 성만찬을 가볍게 여기는가? 왜 당연하다는 듯이 그것을 부차적이고 덜 중요한 일로 여기는가? 내 생각에 문제는 이것이다. 피상적인 반작용의 전통이 그동안 우리에게 생각보다 깊은 영향을 미쳤다. 이 전통에 따르면 성만찬을 너무 중시하지 않는 게 지혜로운 일이다(영성체, 미사, 성사, 빵을 떼기, 주의 만찬 등 명칭이 무엇이든 마찬가지다). 수많은 전통과 마찬가지로 이 전통도 반작용이다. 이 경우 천주교와 성공회 천주교파와 동방정교회에서 보이는—또는 보인다고 생각되거나 남들이 그렇게 말하는—현상에 대한 반작용이다. 이들 세 종파는 성만찬을 교회 예배의 중심 행위로 여긴다. 하지만 우리는 그들이 성만찬에 각종 오해와 미신을 덧붙이고 설교를 가볍게 여기며, 그리하여 오류가 수정되지 않고 있다고 확신한다.

이것은 무지의 소치다. 그래서 이번 논의에서 내가 첫 번째로 할 일은 독자들에게 그런 생각을 떨쳐내라고 호소하는 것이다. 그런 생각이 어떤 형태로 자리하고 있고, 현재 얼마나 깊이 뿌리 내려져 있든 관계없다. 정원사들이 뼈저린 경험을 통해 알듯이, 잡초는 건강한 화초의 숨통을 조인다. 공들여 심은 씨앗은 거의 싹도 틔우기 전에 죽는데, 잡초는 거기서도 잘만 자란다. 인간의 타락한 마음도 그와 비슷하다. 왜곡된 편견과 악의적 망상은 쑥쑥 자라지만, 엄숙한 진리는 그 틈새에서 살아남으려 안간힘을 써야 한다. 이른바 천주교의 유산이 일부 세세한 부분에서 틀렸을 수는 있다. 그러나 곧 보겠지만 그것은 기본적으로 틀린 부분보다 옳은 부분이 더 많다. 반면에 그리스도인의 예배에 성찬식이 부차적이라는 개념은 기본적으로 옳은 부분보다 틀린 부분이 더 많다. 내가 이 말을 하는 이유는 기초를 다지기 위해서다. 그래야 성찬식의 교리를 성경에 비추어 숙고할 수 있다. 이제부터 우리가 씨름하려는 일이 그것이다.

하나님의 실체를 인식한다

어떤 주제가 논란의 대상이 되어 의견이 갈릴 때, 그것을 논하는 첫걸음은 언제나 다음과 같아야 한다. 즉, 아직 일치점이 남아 있는 기본으로 돌아가서, 지금의 견해 차이가 어디서 어떻게 왜 생겨났는지 그 일치점에 비추어 알아보는 것이다. 성만찬의 경우, 그러려면 성경을 통해 인생을 향한 창조주 하나님의 목적으로 다시 돌아가야 한다.

하나님은 인류를 지어 천사처럼 영원히 그분과 교제하며 살게 하셨다. 사랑받기 합당하신 그분을 사랑하고, 지혜롭고 아름답고 능하신 그분을 경배하며, 그분의 요구대로 즐거이 그분을 섬기게 하셨다. 이는 그분의 선하신 창조력(또는 창조적 선하심)에서 비롯된 목적이다. 그런데 그분은 다양성을 무척 좋아하시는 분인지라 천사에게 하지 않으신 일을 우리에게 하셨다. 바로 우리를 통합된 복합체, 심신을 공유한 존재로 지으신 것이다. 영혼이 몸을 입었다거나 몸이 영혼을 입었다고 표현할 수도 있다. 다시 말해서 자아라는 인격체를 몸이라는 유기체 안에서, 몸을 통해 살게 하신 것이다. 이어 그분은 우리에게 천사보다 낮은 예비 단계의 삶을 살게 하셨다. 그 목적은 오는 세상에서 누릴 영원히 변화된 삶, 천사보다 나은 삶을 위해 우리를 준비시키시는 것이다. 그분의 인도에 따라 우리는 자신을 그렇게 준비하게 된다. 하나님이 우리에게 몸을 주시고 몸을 통해 살게 하심은 몸 없는 천사들이 할 수 없는 방식으로 다른 사람들과 사물들을 경험하고 누리게 하시기 위해서다. 사고 생활을 구성하는 추상적 개념, 판단력, 상상력, 의지력은 모든 가치 있는 것의 근원이신 하나님을 본능적이고 자연스럽게 감지하고 인식하게 한다. 우리의 신체적 경험과 즐거움도 그와 똑같은 작용을 하도록 되어 있다. 우리 인간은 그렇게 지어졌다. 몸의 경험을 통해 우리 안에 생겨나야 할 것이 또 있다. 삶이라는 선물과 그것을 풍요롭게 만드는 우리 내면의 모든 것을 인해 하나님께 감사하는 마음이다. 내면의 모든 것이란 우리의 오감과 사고를 통한 모든 지각 능력, 그리고 거기서 비롯되는 많은 선하고 위대하고 영광스러운 지각을 말한다. 그뿐 아니라 우리의 계속되는 실존의 모든 요소와 사건은 어떤 갈망과 소망을 불러일으키도록 되어 있는데, 그 갈망과 소망의 대상은 늘 똑같은 것들에서 그치지 않고 질적으로 현재의 어떤 즐거움보다도 더 웅대하고 놀라운 것들로 뻗어나간다. 바로 하나님이 오는 세상에서 무한히 채워주실 갈망과 소망이다. 이렇듯 우리가 거주하는 물질세계와 그것을 우리의 몸과 마음으로 인식하는 과정은 본래 하나님이 우리와 관계를 맺으시기 위한 수단이다. 즉, 우리에게 그분의 실체를 계시하시고, 우리의 참된 예배를 이끌어내시기 위한 것이다.

똑같은 원리가 성만찬에도 적용된다. 하나님은 구속적 맥락에서 어떤 사물을 영적 의미가 담긴 증표로 정하신다. 우리에게 복을 주시는 그분의 능하신 활동은 눈에 보이지 않는다. 그런데 그런 가시적 장치들(구약의 할례와 유월절, 신약의 세례와 성만찬)이 그분의 활동의 특정한 면들을 가리켜 보여준다. 증표와 그에 수반되는 말에는 하나님의 진정성이 들어 있다. 그것을 알기에 우리는 상징되는 영적 복이 가시적 표시물만큼이나 확실하게 우리의 것이라고 고백한다. 또한 하나님의 선하심을 인정한다. 그분은 복 자체를 주실 뿐 아니라 증표를 통해 그것이 실제임을 확신시켜주신다. 이에 근거하여 우리는 담대히 하나님과의 교제 속으로 들어가, 장차 누릴 더 큰 영광과 기쁨을 내다본다. 증표 자체는 지금 여기서 그것을 가리켜 보이는 역할을 한다.

교회가 이 모든 것을 표현하는 유서 깊은 방법이 있다. 이런 중요한 증표들은 물론 더 나아가 우주 전체와 그 내용물까지도 다 **성례**로 보는 것이다. 주류 기독교는 예로부터 성례라는 말을 그런 의미로 사용해왔다.

거기까지는 너무 앞서 가는 것이므로 다시 처음으로 돌아가자. 인류 역사의 처음부터 죄가 들어와 우리 모두를 하나님의 형벌과 심판 아래 두었을 뿐 아니라 인간의 본성마저 못 쓰게 변질시켜 놓았다. 그래서 이제 우리의 심령은 참된 경건을 본능적으로 싫어하고 거기에 반감을 품는다. 창조 질서 속에서 하나님의 영광을 감지하던 본래의 능력도 무디어졌다. 하지만 하나님은 거룩하신 아들의 성육신, 삶, 죽음, 부활, 통치를 중심으로 구원의 계획을 수행하셨다. 그리하여 그리스도는 성령을 통해 새로운 인류이자 언약 공동체인 교회를 만드셨고, 그 공동체 내의 연합을 지키는 끈으로 세례와 성찬식이라는 두 의식을 지킬 것을 명하셨다. 거기에 사용되는 물체—세례의 물, 성찬식의 빵과 포도주—는 의식 행위에 참여하는 우리 신자들에게 그분의 구원 사역을 보여주는 중요한 증표가 된다. 두 행위 모두 우리와 아버지의 관계가 회복된 것과 우리에게 하나님을 사랑하고 경건을 사모하는 마음이 회복된 것을 상징한다. 전자의 회복은 화목하게 하시는 그리스도의 희생을 통해 이루어졌고, 후자의 회복은 성령으로 말미암아 그리스도 안에서 이루어졌다. 변질되었던 우리의 도덕적 본성이 하나님의 주권 아래 중생을 통해 정상으로 돌아왔다. 세례는 씻음과 입문의 의식이고, 성찬식은 유지와 지속의 의식이다. 지금 우리의 관심사는 후자다. 그래서 이제부터 성만찬이 신약에 제시된 방식을 자세히 살펴보고자 한다.

신약의 자료를 검토한다

성만찬은 식탁에서 이루어진다. 식탁은 우리의 생존에 필요한 음식을 늘 먹는 곳이다. 1세기 팔레스타인의 주식이었던 빵과 포도주는 예수께서 새 의식을 제정하실 때 이미 유월절 식사의 일부로 식탁에 놓여 있었다. 마태와 마가의 거의 동일한 기록에서 보듯이, 예수님은 빵을 들어 축복하시고(즉, 하나님께 감사하시고) 떼어 나누어주시며 "이것은 내 몸이니라"고 말씀하셨다. 이어 그분은 포도주 잔을 들어 축복하시고 모든 제자에게 주어 마시게 하시며 "이것은 많은 사람을 위하여 흘리는 나의 피 곧 언약의 피니라"고 말씀하셨다. 마태는 거기에 "죄 사함을 얻게 하려고"라는 말을 덧붙였다(마 26:26-28, 막 14:22-24). 이런 말씀과 함께 나누어진 빵과 포도주는 예수님의 행하심으로 인한 유익한 결과가 실체임을 보증하는 증표가 된다. 말씀에 언급된 행동의 혜택이 우리가 받아 누릴 수 있게 실제로 주어졌다는 뜻이다. 누가가 전한 예수님의 말씀은 "이것은 너희를 위하여 주는 내 몸이라 너희가 이를 행하여 나를 기념하라"에 이어 "이 잔은 내 피로 세우는 새 언약이니 곧 너희를 위하여 붓는 것이라"고 되어 있다(눅 22:19-20). 바울은 "주께" 받은—최초의 사도들의 입을 통해 받았다는 뜻이다—말씀을 전하면서 복음서의 내용에 이런 말을 덧붙인다. "이것을 행하여 마실 때마다 나를 기념하라"(고전 11:25). 따라서 예수님의 의도는 평소의 식사가 늘 반복되듯이(서구인은 대부분 하루 세 끼를 먹는다) 이 의식도 반복되는 것이었다. 예수님은 틀림없이 아람어로 말씀하셨고 처음에는 그것이 구전되었다. 그것이 헬라어로 옮겨지면서 위와 같이 다소 표현상의 차이가 생겨난 것은 놀랄 일이 못 된다. 그래서 한 책에 들어 있는 부분이 다른 책에는 빠져 있기도 하고, 한 책에 빠져 있는 부분이 다른 책에는 들어 있기도 하다.

이상의 말씀들이 무엇을 의미하는지 세 가지를 살펴보자.

1. "내 몸이라"와 "내 피로 세우는 새 언약이니"에 나오는 "—이다"라는 말은 "동일하다, 다름없다"는 뜻이 아니라 "대변한다, 상징한다"는 뜻이어야 한다. 예수님의 말씀이 마법사의 주문처럼 작용하여 첨가나 변환을 통해 빵은 물론 어쩌면 포도주까지 실제의 살과 피로 바꾸어놓는다는 견해가 있다. 이 개념은 그동안 충분히 '본전'을 뽑았지만, 사실은 불가능해 보인다. 그 말씀을 하실 때 예수님의 몸이 전혀 달라지지 않은 채 그대로 계셨다는 사실만 보아도 그렇다. 제자들에게 자신의 몸을 주신다는 예수님의 말씀은 사실 이튿날 그분이 십자가에서 희생의 죽음을 당하실 일을 가리킨다. 물론 그분은 자신이 온 것이 "자기 목숨을 많은 사람의 대속물로 주려 함"(마 20:28, 막 10:45)임을 진작부터 밝히셨다.

2. "언약의 피"는 일찍이 모세가 시내 산에서 백성에게 제물의 피를 뿌리며 한 말을 되받은 표현이다. "이는 여호와께서 이 모든 말씀에 대하여 너희와 세우신 언약의 피니라"(출 24:8). 이 언약은 하나님이 주도하신 관계다. 하나님은 자신을 이스라엘의 하나님으로, 이스라엘을 자신의 백성으로 선포하셨다. 누가와 바울이 말한 "새" 언약은 예레미야가 예언한 것으로, 고린도후서 3장 5-18절에 일부 풀이되어 있고, 히브리서 8장 1절-10장 18절에 더 자세히 설명된다. 이것은 옛 언약이 더 발전된 형태다. 그리스도께서 자신을 단번에 제물로 드려 죄를 속하셨으므로, 구약의 반복되던 제사는 폐지되었다.

그리하여 이제 성령께서 동기부터 행동까지 참된 거룩함을 주신다.

3. "나를 기념하라"는 표현은 이중의 활동을 가리키며, 그 양쪽 모두를 규정하는 것은 "나"—예수님 자신—에 대한 믿음과 지식이다. 우선 우리 쪽의 활동은 의지적으로 그분을 기억하는 것이다. 그분을 의지적으로 마음속에 떠올리고, 사모하는 마음으로 즐거이 그분을 묵상하고, 그분께 찬양과 기도를 드리는 것이다. 그러면 그분은 성령으로 말미암아 우리에게 은혜에 대한 감사, 은혜로 용서받았다는 확신, 영광의 소망, 봉사의 능력 등을 새롭게 해주신다. 그것이 그분의 활동이다. 성찬식을 할 때마다 참 집전자는 그분이시다. 지금도 그분은 부활의 능력으로 우리 곁에 살아 계신다. 우리는 빵과 포도주를 그분의 손에서 직접 받는다고 생각해야 한다. 빵과 포도주는 그분이 사랑으로 영원토록 우리에게 계속 영의 양식을 주실 것을 보증해준다.

고린도 교인들은 성찬식의 의미에 대해 생각이 짧았고, 성찬식이 제멋대로 노는 소풍이라도 되는 양 매정하고 무분별한 행동을 보였다. 바울이 그것을 바로잡아주면서 한 말은 성찬식에 대한 간략한 신학으로 손색이 없다.

객관적 의미. 반복해서 빵과 포도주를 나누는 상징적 의식은 예수님의 말씀을 통해 의미를 얻었다. 이 의식은 세계 역사상 가장 원대한 두 가지 사건을 증언해준다. 하나는 과거의 사건으로 예수께서 십자가에서 자신을 희생하신 일이다. 이로써 모든 믿는 사람에게 영생의 문이 열렸다. 또 하나는 미래의 사건으로 예수께서 재림하여 세상을 심판하시고 온 우주를 새롭게 하실 일이다. 그때가 되면 성례의 의식도 종결된다. "너희가 이 떡을 먹으며 이 잔을 마실 때마다 주의 죽으심을 그가 오실 때까지 전하는 것이니라"(고전 11:26). 이런 지고한 의미가 있기 때문에 성찬식에 임할 때는 마땅히 경건한 자세를 품어야 한다.

주관적 의미. "우리가 축복하는 바 축복의 잔은 그리스도의 피에 참여함이 아니며 우리가 떼는 떡은 그리스도의 몸에 참여함이 아니냐 떡이 하나요 많은 우리가 한 몸이니 이는 우리가 다 한 떡에 참여함이라"(고전 10:16-17). 참여란 뭔가를 나누거나 흡수하거나 뭔가에 관여한다는 뜻이다. 날마다 먹고 마시면 체내에 음식이 흡수되어 육적 양분이 공급된다. 그리스도의 규정대로 먹고 마시는 의식도 우리에게 영적 양분을 공급해준다. 이는 자신의 피를 흘리고 몸을 찢어 우리에게 주신 그분께 우리가 동참하여 연합한 결과다. 이렇게 우리는 구속의 죽음에 참여한다. 그리스도의 말씀이 기념하는 것도 그 죽음이고, 실제로 먹고 마시는 행위가 상징하는 것도 그 죽음이다. 아울러 바울은 신자들이 그리스도와 함께 십자가에 못 박혔다는 말로 그 죽음을 사실로 단언했다(롬 6:6, 갈 2:20). 여기까지는 아직 절반에 지나지 않는다. 성만찬의 상징에는 그리스도께서 우리를 먹여 생명을 유지시켜주시는 일까지 포함되어 있기 때문이다. 여기서 생명이란 부활하신 그분 자신의 생명을 말한다. 그분은 우리 모든 신자를 그 생명 속으로 끌어들여 "한 몸"이 되게 하신다. 즉, 우리는 그분과 연합하여 하나의 유기적 생명체가 된다. 이 연합으로부터 성령을 통해 영적 생명력이 흘러나온다. 헌신과 봉사에 필요한 건강과 힘도 거기서 나오고, 그리하여 사랑과 재능과 능력 등의 내적 자원이 평생 우리 안에서 떨어지지 않는다.

성육신하신 하나님의 아들 예수님은 성만찬을 제정하실 때 자신이 이튿날 죽임당하실 것을 아셨다. 하지만 그분은 자신이 사흘 만에 죽음에서 다시 살아나실 것과, 본래 자신의 자리였던 영광의 자리로 머잖아 돌아가 성령을 보내실 것도 아셨다. 그리하여 그분은 자신의 이름을 부르는—즉, 그분이 누구이며 어떤 일을 하셨는지 웬만큼 알고 기도하는—모든 사람에게 성령을 통해 자신의 임재와 능력을 알리실 것이었다. 사실 그분은 이 모든 내용을 제자들에게 미리 말씀하셨다. 그러므로 그분의 의도는 분명했다. 꾸준히 반복되는 성만찬은 그분과 각 예배자의 만남이며, 이 만남은 우리에게 활력을 가져다준다. 따라서 기대감과 경건한 마음이 전체 모임의 분위기가 되어야 한다. 이는 고린도 교회를 지배하던 경솔하고 방임적인 무질서와는 대조적이다(고전 11:20-22). 그리스도의 몸 안에 사랑이 없고 서로 무관심하다면 이는 몸의 머리요 생명이신 그리스도께 늘 욕이 된다. 게다가 그것은 그 어느 때보다도 성찬식 식탁에서 가장 큰 욕이 된다. 그래서 바울은 무질서한 고린도 교인들에게 놀랍도록 강경하게 말한다.

누구든지 주의 떡이나 잔을 합당하지 않게 먹고 마시는 자는 주의 몸과 피에 대하여 죄를 짓는 것이니라…주의 몸[즉, 상징물 속에 담긴 그리스도의 찢긴 몸의 의미, 또는 고린도 교회의 교제를 깨뜨린 특정한 스캔들일 수도 있다)을 분별하지 못하고 먹고 마시는 자는 자기의 죄를 먹고 마시는 것이니라(고전 11:27, 29).

이는 결코 쉽게 잊어서는 안 될 말이다.

빵과 포도주를 받는다

앞서 보았듯이 각 교회의 구성원들이 이 상징적 식사에 동참하여 함께 그리스도를 기억하는 일은 그분이 직접 우리에게 하라고 지시하신 일이다. 그분이 지시하신 모든 일이 그렇듯 이 경우도, 그것을 최선의 방법으로 시행하는 것은 우리의 몫이다. 성례를 제정하신 말씀에서 보았듯이, 주님을 기억한다는 것은 우리를 위해 희생하신 그분의 죽음을 마음속에 떠올린다는 뜻이자, 또한 우리를 향한 그분의 언약적 헌신을 받아들인다는 뜻이다. 음식과 음료를 그분께 받는 것처럼 실제로 받는 행위는 그분께 대한 우리의 새로운 신뢰와 지속적 의존의 표현이어야 한다. 그분은 우리의 구주요 주님이요 스승이요 친구이시며, 사실 바울이 골로새서 3장 4절에서 말한 대로 우리의 생명 자체이시다. 성찬식을 통해 우리는 그런 다면적 관계를 표현하고자 힘써야 한다.

예수님을 기억하려면 우선 그분과 그분의 목표와 활동과 개입에 생각을 집중하고, 늘 사모하는 마음으로 그런 실체들을 염두에 두어야 한다. 어느 누구를 기리고 싶어 기억할 때와 마찬가지다. 쉽게 말해서 그분 쪽을 보고, 그분을 똑바로 보고, 그분이 지상에 계실 때 보신 것들을 보면 된다. 나아가 자신이 기억하고 있는 내용을 마음속으로 그분께 말하면 된다(그분이 진정 부활하여 지금 우리 곁에 살아 계시며, 예배 인도자들의 손과 목소리를 통해 실제로 우리에게 집전하고 계시기 때문이다).

이 사랑의 교제는 네 방향으로 퍼져나간다고 할 수 있다.

1. **위를** 올려다본다. 물론 여기서 "위"는 먼 거리("저 위")가 아니라 우리를 압도하는 높음을 뜻한다. 그리스도는 우리 곁에 가까이 계시지만 모든 의미에서 우리 위에 계신다. 그분께 다가가는 우리의 모습에 그런 인식이 배어나야 한다. 우리는 주 예수님을 우러러보아야 한다. 성육신하신 하나님의 아들은 지금 아버지 우편의 보좌에 앉아 계신다. 그분은 우리의 구속자요 통치자요 주권적 구주이시며, 우리에게 평안과 사랑과 기쁨과 힘을 계속 공급하신다. 또한 성령을 보내 친히 우리와 연합하셔서 우리 안에 새롭고 충만한 생명을 낳으셨다. 우리는 중보자 예수님을 경외하며 즐거이 우러러보아야 한다. 그분이 우리를 아버지의 가족이 되게 하셨고, 지금 여기서 우리를 먹이셔서 우리의 삶을 초자연적으로 변화시키시기 때문이다. 그런 그분을 우리는 마땅히 찬송과 감사로 높여드려야 한다.

2. **뒤를** 돌아본다. 갈보리와 그것이 우리에게 주는 모든 의미를 묵상해야 한다. 갈보리에서 죄의 형벌이 치러졌고, 아버지와의 화해

가 이루어졌고, 신자들이 용서받을 수 있게 되었고, 하나님의 칭의와 입양이 실현되었고, 하나님 앞에서 영원한 안전이 보장되었고, 사탄이 결정적으로 패했다. 죄로 얼룩지고 더럽혀진 온 우주가 마침내 그리스도를 통해 그분 아래서 완전히 회복될 수 있는 기초도 갈보리에서 닦였다. 따라서 우리가 성찬식에서 그리스도를 기억하며 그분과 교제할 때는, 그분이 십자가의 죽음을 통해 이루신 그런 초월적 변화를 늘 중심에 두어야 한다. 바로 그분이 지금 우리의 부활하신 주님이시며 이 식탁의 참 주인이시다. "그러나 내게는 우리 주 예수 그리스도의 십자가 외에 결코 자랑할 것이 없으니"(갈 6:14). 빵과 포도주를 받으러 모일 때마다 모든 그리스도인은 바울처럼 십자가를 자랑하는 사고와 영성을 길러야 한다.

 여기서 이스라엘의 유월절의 의미를 떠올리면 도움이 된다. 예수님도 유월절을 지키시던 중에 성만찬을 제정하셨다. 성경에 보면 이 연례행사는 하나님이 규정하신 하나의 식사로 시작되었다. 이집트의 노예 생활에서 공동체가 해방되기 위한 준비의 식사였다. 여기에는 두 가지 의미가 있었다. 첫째, 그 식사는 이집트의 모든 처음 난 것이 죽어야 했던 열 번째 재앙의 심판에서 이스라엘을 보호해주었다. 보호받기 위해서는 집집마다 어린양의 피를 좌우 문설주와 인방에 발라야 했다. 하나님은 "내가 피를 볼 때에 너희를 넘어가리니"라고 말씀하셨다(출 12:7, 12-13, 특히 13절). 분명히 여기에는 대속의 속죄 희생이 암시되어 있다. 둘째, 그 식사는 급히 떠날 준비를 하고 먹도록 규정되었다. "무교병과 쓴 나물과 아울러 먹되…아침까지 남겨두지 말며 아침까지…너희는 그것을 이렇게 먹을지니 허리에 띠를 띠고 발에 신을 신고 손에 지팡이를 잡고 급히 먹으라"(출 12:8-11). 잠시 후면 이집트를 벗어날 탈출구가 열릴 것이므로 이스라엘은 떠날 준비가 되어 있어야 했다. 이스라엘이 물리적 구속을 얻었다면, 이에 상응하는 영적 구속은 십자가를 통해 죄의 지배에서 해방되는 일이다. 여기에 분명히 그것이 예견되고 있다. 이런 모든 생각은 성찬식에 모여 뒤를 돌아보는 경건한 묵상에 아주 잘 어울린다.

3. **앞을** 내다본다. "너희가 이 떡을 먹으며 이 잔을 마실 때마다 주의 죽으심을 그가 오실 때까지 전하는 것이니라"(고전 11:26). 그리스도는 말 그대로 오셔서 모든 신자를 집으로 데려가신다. 그분은 이 본문의 의미처럼 마지막 심판 날에 공적으로 오실 수도 있고, 또는 각자의 죽음의 시점에 개인적으로 우리를 찾아오실 수도 있다(지금까지 모든 신자의 경우가 그랬고, 앞으로도 그 최후의 사건이 있기까지는 계속 그럴 것이다). 예수님은 "내가 너희를 위하여 거처를 예비하러 가노니…내가 다시 와서 너희를 내게로 영접하여 나 있는 곳에 너희도 있게 하리라"(요 14:2-3)고 말씀하셨다. 이 약속은 둘 중 하나의 방법으로 우리 모두에게 반드시 실현된다.

서로 떨어져 있는 연인이나 부부에게 전화 통화는 큰 기쁨이다. 하지만 함께 있으면 대화할 때 서로 바라보고 만질 수 있어 기쁨이 더 커진다. 이와 비슷하게 지금 하나님과 예수님과 기도로 교제하는 것도 기쁨이지만, 천국에 가면 기쁨이 더 커진다. 천국에서 우리는 각자 동시에 예수님의 전적인 주목을 받을 것이고(그분은 하나님이

시므로 능히 그러실 수 있으며, 사실 이미 그렇게 하고 계신다), 그분의 얼굴을 볼 것이다. 그분과의 사랑의 교제는 상상을 초월하게 친밀하고 풍요로워질 것이다. 성찬식 때마다 우리는 그날을 사모해야 하며, 마음속으로 구주께 그렇게 고백해야 한다.

4. **주변을** 둘러본다. 우리 신자들은 그리스도의 영적 몸의 팔다리나 구성단위 또는 성경의 표현으로 지체다. 하지만 이것은 교회를 내부에서 본 관점이며, 교회가 작동하는 방식이 그렇다는 것이다. 교회 백성으로서 우리 그리스도인의 삶은 끊임없는 사랑과 섬김의 삶이어야 하며, 그 대상은 동료 그리스도인뿐 아니라 신앙의 반경 바깥에 있는 어려운 개인들과 사회에까지 두루 미친다. 우리의 섬김을 결정짓고 평가하는 기준은 사람들이 현실 속에서 부딪히는 실제적 필요라야 한다. 예수께서 들려주신 선한 사마리아인의 이야기에 그것이 잘 나타나 있다. 따라서 우리는 성찬에 참여하면서 자신에게 물어야 하고, 주 예수님께 알려달라고 구해야 한다. 성찬 예배가 끝나 다시 넓은 세상으로 흩어지면, 우리가 헌신적으로 채워주어야 할 다른 사람들의 필요는 무엇인가? 어려운 사람들을 섬기기 위해 성찬식 때마다 자신을 다시 성별하지 않는다면, 이는 제자도를 심각하게 훼손시키는 일이다. 그러면 우리가 고백하는 제자도는 형식과 위선과 철저한 허구로 변하고 만다. 이웃을 우리 자신처럼 사랑하지 않기 때문이다.

성만찬으로 모일 때 우리의 마음에 가득해야 할 생각과 관심사가 지금까지 살펴본 그런 것들이라면, 이제 바울이 권고하는 요지가 분명해진다. "사람이 자기를 살피고 그 후에야 이 떡을 먹고 이 잔을 마실지니"(고전 11:28). 이는 단지 고린도 교인들처럼 생각 없이 경솔하고 무질서해서는 안 된다는 의미만은 아니다. 그보다 성찬식에 임할 때 우리는 마음을 경건하고 합당하게 준비하여 주 그리스도께 집중해야 한다. 그리스도와 그리스도인들에게 더 충실하지 못했고 사랑이 부족했던 자신의 모습을 솔직히 회개해야 한다. 우리에게 새롭게 지시하실 일이 있는지 주님께 여쭈어야 하고, 이미 알고 있는 일을 더 잘 할 수 있도록 힘을 구해야 한다. 아울러 받은 은혜에 대한 감사를 최대한 진심으로 표현해야 한다.

성찬 예배의 형식은 매우 다양하다. 통상적 방식은 찬송, 영혼의 실상을 살피는 기도, 성찬식을 제정하신 말씀의 낭독, 빵과 포도주의 분배, 마무리 기도를 통한 회중의 감사와 헌신과 해산으로 이루어진다. 이는 기본적으로 복음의 말씀에 따른 집전이다. 성공회의 역사적 전례서로 1552년에 시작된 『공동 기도서』에 보면, 성체를 분배하기 전까지 세 가지 핵심 주제가 극적인 순서로 아주 강력하게 전개된다. 바로 죄와 은혜와 믿음이다. 죄는 회개하며 용서를 구하는 회중의 통절한 고백으로 표현된다. 은혜는 자비를 구하는 집전자의 선포 기도로 표현되며, 그 뒤에 "위안[즉, 격려와 확신]의 말씀"—아버지와 아들의 구원의 자비가 확언된 신약의 네 본문(마 11:28, 요 3:16, 딤전 1:15, 요일 2:1-2)—이 이어진다. 끝으로 믿음은 터져 나오는 감사와 경배로 표현된다. 그 뒤에 성체를 받는다. 성체는 방금 찬미한 그리스도의 구원 사역을 각 사람에게 확증하고 적용해준다.

신기루: 임재의 문제

지금까지 우리는 성만찬을 신앙과 실천의 각도에서 설명했다. 그런데 이제 와서 불편한 논쟁으로 마무리 짓는다면 좋지 않을 것이다. 하지만 마무리하기 전에 꼭 언급해야 할 개념이 하나 있다. 이 개념은 2천 년 교회사 동안 주류 기독교의 두드러진 관점이었지만, 사실은 성경적 근거도 신앙적 유익도 없어 보인다. 이는 정식으로 안수 받은 주교나 장로가 일단 빵과 포도주를 성찬용으로 성별하면, 그 빵과 포도주 속에 그리스도께서 독특한 방식으로 직접 임재하신다는 개념이다.

문제의 관점에 따르면 음식물의 겉모양은 변하지 않지만, 그 속에 문자적·존재론적으로 그리스도께서 계신다. 임재의 방법으로는 하나님이 음식물의 내적 본질을 바꾸시는 초자연적 변환(천주교의 화체설), 그리스도께서 빵과 포도주에 자신을 더하시는 초자연적 첨가(루터교의 공재설), 실제이지만 우리에게는 철저한 신비이기에 그렇게 인정해야 하는 초자연적 과정(동방정교회와 성공회 천주교파의 신비설) 등이 있다. 이는 영광을 얻으신 그리스도의 존재를 성찬식의 빵과 포도주에 특별하게, 국부적으로 귀속시키는 일이다. 나는 이런 개념이 셋 다 잘못되었다고 본다. 하지만 지금 내 관심사는 그것을 논증하는 것이 아니다. 내 취지는 이 개념에 함축된 비참한 의미를 경고하는 것이다. 이 개념대로라면 성별된 빵과 포도주는 독특하다. 그리스도께서 독특하고 특별한 방식으로 그 안에 임재하시기 때문이다. 또한 거기에 참여하면 그리스도를 독특하게 충만하고, 독특하게 유효한 방식으로 받게 된다. 하지만 그렇다면 그리스도는 다른 모든 곳에는 그만큼 충만히 임재하지도 않으시고 그만큼 온전히 자신을 내주지도 않으시는 것이 된다. 이런 독특한 임재를 믿으면 자칫 성찬식에 대한 미신을 낳기 쉽고, 그리하여 그리스도를 믿는 믿음을 일상 속에서 구사하지 못하게 약화시키기 쉽다.

이런 견해를 총칭하여 "실재적 임재"라 하는데, 이 교리를 주창하는 사람들은 예수께서 성만찬을 제정하신 말씀("이것은 내 몸이니라…이것은 나의 피니라")에서 그 근거를 찾는다. 아울러 그들은 예수께서 일찍이 가버나움 회당에서 하신 말씀이 그것을 뒷받침한다고 해석한다.

> 나는 하늘에서 내려온 살아 있는 떡이니 사람이 이 떡을 먹으면 영생하리라 내가 줄 떡은 곧 세상의 생명을 위한 내 살이니라…인자의 살을 먹지 아니하고 인자의 피를 마시지 아니하면 너희 속에 생명이 없느니라 내 살을 먹고 내 피를 마시는 자는 영생을 가졌고 마지막 날에 내가 그를 다시 살리리니 내 살은 참된 양식이요 내 피는 참된 음료로다(요 6:51-55).

하지만 성만찬을 제정하신 말씀에서 근거를 찾으려는 논리는 설득력이 없다. 앞서 말했듯이 "―이다"라는 말은 동일하다는 뜻이 아니라 대변한다는 뜻이다. 이는 오늘날 유대교 지도자가 유월절에 빵을 들고 이렇게 말할 때의 "—이다"와 같은 의미다. "이것은 우리 조상이 이집트 땅에서 먹었던 고난의 빵이다." 여기 "—이다"라는 말은 의심할 나위 없이 "대변한다"는 뜻이다. 아울러 요한복음 6장에서 예수님은 생명의 떡을 섭취하려면 그분의 살과 피를 먹고 마셔야 한다고 하셨는데(식인 행위를 명하시는 것처럼 당연히 충격적으로 들린다), 이 말씀의 의미는 우리의 제물이 되어 죄를 담당하신 그분을 늘 바라보고 우리의 영적 삶을 지탱시켜주실 그분을 늘 의지하라는 것이다. 칼뱅은 이렇게 말한다.

> 이 본문을 성만찬에 적용하는 것은 잘못된 해석이다…성만찬이 제정되기도 전에 성만찬에 대해 말하는 것은 어리석고 무의미한 일일 것이다. 분명히 여기서 그리스도께서 하시는 말씀은 평소에 늘 그분의 "살"을 먹어야 한다는 것이며, 이것은 믿음으로만 가능하다. (*John*, Alister McGrath & J. I. Packer 편집, Wheaton, IL: Crossway, 1994, 170).

칼뱅의 말이 분명히 옳다. 요한은 예수님의 살을 먹어야 생명을 얻는다는 말씀의 의미를 강조하려고, 평소에 잘 쓰지 않던 트로고(*trōgō*)라는 말을 네 번이나 썼다. 일상용어인 이 말에는 턱을 움직여 쉬지 않고 씹는다는 의미가 들어 있다. 요즘 말로 우적우적 먹어댄다는 표현에 가깝다. 게다가 요한은 이 단어를 매번 현재 시제로 썼는데, 이는 부단히 지속되는 활동을 암시한다. 이 활동은 칼뱅의 말마따나 아직 제정되지도 않은 성만찬을 가리키는 게 아니다. 그 활동이 가리키는 것은 성만찬 자체가 가리키는 것과 똑같다. 즉, 그리스도의 약속의 말씀과 구원 사역에 대한 반응으로, 성령을 통해 그리스도를 직접 믿고 그분과 교제하는 삶이다.

"실재적 임재"의 가르침에는 두 가지 부정적 측면이 있다. 우선 성찬식 중에는 냉랭하거나 신비적인 기도를 부추긴다. 사고의 기도가 정지되고 생각이 멍해진 채, 신비의 세계에만 관심이 온통 집중된다. 그보다는 앞서 말한 대안이 더 건전하다. 즉, 기도를 통해 핵심 진리들—그중에는 진술도 있고 명령도 있다—을 돌아보고 거기에 반응하는 것이다. 하나님이 그런 진리를 계시하신 목적은 우리가 그것을 배워 삶의 길잡이로 삼게 하시기 위해서다. 또한 이미 말했듯이 성별된 음식물 속에 그리스도의 "실재적 임재"가 머문다는 교리에는 다음과 같은 의미가 깔려 있다. 평범한 상황 속에서는 그리스도께서 성찬식 때에 비해 우리와 더 멀리 떨어져 계신다는 것이다. 이런 생각을 품고 있으면 매일 그분과 자발적으로 교제하려는 마음이 식어질 수밖에 없다. 그리스도는 성령을 통해 모든 현실 속에 항상 전 존재로 임재하셔서 우리에게 복을 주시는 분이다. 그러나 "실재적 임재"를 고집하면 이 진리가 흐려지다 못해 완전히 실종될 수 있다.

그래서 나는 "실재적 임재"의 가르침이 아무리 경건하고 의도가 좋아도 그것을 신기루로 여긴다. 분명히 있어 보이는데 막상 가보면 사라지고 마는 신기루다. 그것은 말처럼 성만찬의 신앙을 심화시켜주지 못하며, 성경의 실제 가르침과도 일치하지 않는다. 신약성경은 예수 그리스도와 전천후로, 전력을 다해, 전폭적인 교제를 누리라고 우리를 매혹한다. 그런데 "실재적 임재"를 신봉하면 그것이 우리를 막아, 그런 교제에 들어가지 못하게 한다. 매번 그런 결과를 낳지는 않는다 해도 적어도 그런 경향이 있다.

그렇다면 성찬식 중의 그리스도의 임재에 대해 우리가 긍정적으로 할 말은 무엇인가? 우선 분명히 해야 할 것이 있다. 이 임재는 예수께서 고난당하시기 전에 "두세 사람이 내 이름으로 모인 곳에는 나도 그들 중에 있느니라"(마 18:20)고 약속하셨고, 또 부활하신 후에 제자들에게 "내가 세상 끝날까지 너희와 항상 함께 있으리라"(마 28:20)고 말씀하신 그 임재와 동일하다. 이것은 주권자로 승리하신 구주의 임재다. 그분은 객관적인 무소부재의 의미에서 거기 계시고, 각 신자 곁에서 늘 우리를 붙드시고 양육하신다는 의미에서 여기 계신다. 엄밀히 말해서 그리스도는 성찬 속에 임재하시는 게 아니라 그 자리에 임재하신다. 그분의 임재는 물리적이지는 않지만 인격적인 실재이고 관계적인 사실이다. 그리스도는 어떤 의미로든 빵과 포도주 속에 계시지 않고 예배자들과 함께 계신다. 이 임재를 유효하게 하는 것은 적임자가 제대로 수행하는 마술에 가까운 의식이 아니라 성령의 능력이다. 그리스도는 신자들의 마음속에 내주하시는 성령을 통해 그들에게 실재하신다. 이것은 수동적 임재가 아니라 능동적 임재다. 그분의 임재는 느낌으로 아는 게 아니라(느낀다는 단어의 통상적 의미에서 그 임재는 대개 느껴지지 않는다) 그 임재가 하는 일을 통해 안다. 부활하신 우리 주님은 자신의 임재를 통해 우리를 자신께로 가까이 이끄시고, 우리에게 주시려고 자신의 죽음으로 확보하신 모든 선한 것들이 우리의 소유—현재에든 미래에든—라는 확신을 새롭게 해주신다. 나아가 좋은 식사가 몸에 에너지를 주듯이 우리 구주도 우리에게 에너지를 주셔서 믿음과 사랑, 충성과 순종, 예배와 섬김에 새롭게 나서게 하신다. 이것이 우리 신자들이 성만찬에 임할 때 구해야 하는 것들이다. 구하면 반드시 얻는다.

반성과 재평가

서두에서 다소 도발적으로 밝혔듯이 우리가 알아야 할 사실이 있다. 성만찬과 관련하여, 천주교의 유산은 전체적으로 틀린 부분보다 옳은 부분이 더 많은 반면, 복음주의의 유산은 전체적으로 옳은 부분보다 틀린 부분이 더 많다. 이제 나는 이 당찬 말을 행동으로 옮길 때가 되었다. 그래서 이번 공부에서 다음과 같은 결론을 제시한다.

1. 성만찬은 교회 예배의 중심이 되어야 한다

이 말은 설교 없이 성만찬만 해야 한다는 뜻도 아니고, 성만찬이 말씀 전파보다 더 중요하다는 뜻도 아니다. 내가 생각하는 예배에서 말씀과 성례는 서로 맞물려 있으며, 쌍둥이라고까지 말할 수 있다. 내 요지는 다음과 같다. 예수님은 제자들에게 이 기념 식사에 꾸준히 참여하라고 지시하셨고, 분명히 그들은 처음부터 그렇게 했다. 주일마다 회중이 모여 성만찬을 나누었다. 천주교와 동방정교회에서는 지금도 그렇게 하고 있다. 그러나 중세 서구의 전례서는 라틴어로 되어 있어 소수의 사람들 외에는 이해할 수 없었고, 따라서 평신도의 성체 미사(당시에는 성만찬을 그렇게 불렀다)는 대부분 없어졌다. 그러다 종교개혁 때 모든 것을 원래대로 되돌리려 했으나 두 가지 불행한 사건 때문에 성만찬은 교인들의 생각 속에서 주변으로 밀려나고 말았다.

제네바의 칼뱅은 성만찬을 매주 해야 한다고 주장했으나 정식으로 거부당했다. 대신 그는 매달 한 번으로 만족해야 했다. 그 뒤로 쭉 제네바의 주일 예배는 매주 설교 예배가 되었다. 제네바의 사례는 서유럽 전역의 개신교에도 영향을 미쳤다. 영국의 경우 크랜머가 입안한 공인 『공동 기도서』에, 성직자들은 주일마다 성경 예배인 아침 기도에 이어 성찬식을 하도록 되어 있지만, 일반 성인들에게는 연 3회, 즉 크리스마스와 부활절과 성령강림절에만 성찬식이 의무로 규정되었다. 그런데 그 뒤로 규정상의 최소치가 관습상의 최대치로 굳어져, 성만찬을 뜸하게 하는 풍조가 전국적으로 당연시되었다. 이제 성만찬에 참석하는 일은 교인의 정체성에 수반되는 기본 필수가 아니라 신앙의 선택 사안으로 통하게 되었다. 성만찬이 필요한지 여부를 각자가 분별하여 결정하면 되는 것이다. 불운한 영향의 사례를 여기서도 볼 수 있다.

칼뱅과 크랜머는 둘 다 성만찬을 본연의 중심으로 되돌리기를 아주 간절히 원했다. 그런데 그들의 가장 직접적인 영향권역에서 오히려 모든 수단을 통해 그 길이 막혔으니 아이러니가 아닐 수 없다. 하지만 현실은 그랬고 지금까지도 대체로 똑같다. 복음주의 세계 전반은 여전히 종교개혁자들의 논지를 귀담아 들어야 한다. 분명히 힘주어 말하거니와 설교를 수반한 성만찬은 예수께서 친히 제정하신 교회 예식이다. 주일마다 모든 교회가 성만찬으로 모여야 한다.

2. 성만찬은 개인의 경건 생활에 꾸준히 시행되어야 한다

앞서 말했듯이 우리가 살고 있는 이 시대에 성만찬은 교회의 중심적 예식에서 개인의 부수적 선택 사안으로 심히 격하되었다. 이럴 때는 신자 각자가 개인적 규칙을 정해야 한다. 성경 읽기와 기도라는 여타의 신앙 기본과 아울러 성만찬을 평소의 경건 생활의 틀에 최대한 잘 끼워 넣어야 한다. 특정한 틀을 제시하는 것은 내가 할 일이 아니다. 다만 나는 그런 틀이 꼭 필요하며, 성만찬에 제대로 진지해지려면 그 틀 속에 성만찬도 꼭 들어 있어야 함을 강조할 뿐이다. 성만찬을 기도로 준비하고 삶으로 연결시켜야 함은 물론이다. 따라서 내가 할 일은 일단 여기서 끝났고, 이제 독자들이 하나님 아버지와 우리 구주이신 주 예수 그리스도와 함께 이 문제를 풀어나가야 한다. 이제부터 우리는 얼마나 진지하게 성만찬에 임하여 그리스도를 높일 것인가?

연구 및 토의 질문

1. 성만찬이 성례라는 설명을 어떻게 보는가?

2. 성만찬이 주일마다 모든 지역교회의 주된 예배가 되어야 한다는 말에 동의하는가?

3. 당신은 꾸준히 성찬 예배에 참석하고 있는가? 그렇다면 왜 그런가? 아니라면 왜 아닌가? 참석의 빈도를 어떻게 정해야 한다고 보는가?

4. 성찬식 중의 주 예수 그리스도의 임재 및 활동과 관련하여, 본문의 말에 얼마나 동의하는가?

5. 성만찬에 참석하기 전에 어떻게 준비해야 하는가? 성만찬을 한 후에 어떻게 삶으로 연결해야 하는가?

6. 그리스도의 몸 된 교회의 성찬 예배에서 나누는 교제가 어떻게 하면 최대한 의미와 현실성을 띨 수 있겠는가?

찾아보기

1893년의 "엄숙한 선언" 39
95개조 반박문(루터) 99

ㄱ

가이사랴의 바질(Basil of Caesarea) 56
갑바도기아의 교부들(Cappadocian Fathers) 56
개신교 115
거룩함 32, 35-36, 182-183, 189-190
교회의 거룩함 132-133, 144-145
거룩함과 세례 209-211
거류민과 나그네인, 그리스도인 88
거짓 교리 46, 50
건전한 교리 46, 183
결혼 37, 64
겸손 112
계시
　계시와 그리스도인의 연합 85-87
　예수 그리스도 안에서 그분을

통한 계시 11
점진적 계시 162
계시의 책 23
고백 46
『공동 기도서』
　미국 기도서(1979년) 39
　세례에 대하여 193, 207, 211
　주교에 대하여 139
　회개에 대하여 103-105
『공동 기도서』와 그리스도인의 연합 93, 102
『공동 기도서』와 성만찬 225-226, 232
『공동 기도서』와 역사적 믿음 39, 50
『공동 기도서』와 예배 138, 233
과학 21, 38
교구 19, 72-74, 92, 95, 137
교리교육 8-9, 63
교리교육과 세례 195
교리교육을 무시함 52
교리를 무시하는 개신교 47

243
찾아보기

교리와 윤리 13-14
교만 107, 113, 175-176
교제 90-91
교회 61-62, 127
   가시적 교회와 비가시적 교회 179
   교회 중 교회의 도덕성 181
   교회와 세례 203-205
   교회의 거룩함 132, 146
   교회의 벽돌 13
   교회의 보편성 131-132, 145
   교회의 사역 179-180
   교회의 연합 145, 179, 204
   교회의 조직 79
   바울이 말하는 교회 130-131, 135-136
   사도들과 선지자들의 터 131
   사도적 교회 133, 145
   새로운 피조물 130
   제자 공동체 46
교회의 보편성 132-133, 145
교회의 분리 37, 51, 145-146, 151
교회의 섬기는 지도자 136
구약의 정경 28-29
구원 11, 58
권위 29
그리스도를 닮음 174

그리스도와의 연합
   그리스도와의 연합과 성만찬 189
   그리스도와의 연합과 성령 169
   그리스도와의 연합과 세례 189, 200, 204-205, 210
그리스도의 대속을 통한 위대한 맞바꾸기 59
그리스도의 신부인 교회 132, 150, 179
그리스도인의 삶
   끊임없는 사랑과 섬김 232
   성령 안의 삶 61
   그리스도인의 삶과 성례 188
그리스도인의 연합 71, 74, 132
   현재의 선물이자 미래의 목표 85
   근거인 계시된 진리 87-88
그리스도인의 정체와 세례 208-209
기도서(『공동 기도서』를 보라)
기독교의 양육 52
기억함 224, 228-229

ㄴ

나지안주스의 그레고리(Gregory of Nazianzus) 56, 162
날인인 세례 192

내분 146-147

니사의 그레고리(Gregory of Nyssa) 56

니케아 신조(Nicene Creed) 49, 54, 133

ㄷ

다신론 34

다양한 종교 21

다원주의 38

대안 예배서(ACC) 39, 105

도나투스주의자들(Donatists) 146

도덕법 35

도덕주의 159

동방정교회 115, 197, 218, 234

동성간 결합 19, 65-66, 71-73, 95, 117

동성애 19, 37, 64, 71-73, 143

동성애 공포증 95

동성애를 실행하는 사람들에게 주는 성직 안수 71-73

ㄹ

램버스 회의(Lambeth Conference, 1998년 회의) 144

루이스, C. S.(C. S. Lewis) 37, 89, 175

루터교 99, 234

루터, 마르틴(Luther, Martin) 102, 208

ㅁ

만유내재신론 94

맥도널드, 조지(MacDonald, George) 209

모든 구성원이 사역자인 초대 교회 61, 136, 180

목양 사역 136

목양 62, 150-151

몸 된 교회 84-85, 131-132, 179

몸 된 교회와 성만찬 225-226, 231

무디, D. L.(D. L. Moody) 209

무슬림 73

미국 성공회(TEC) 39, 115, 148, 151

믿음

  막연한 단어 20-24

  믿음과 그리스도인의 연합 80-81, 85

  믿음과 성령 171-173

  전문용어 21, 32-33

믿음으로 말미암아 은혜로 얻는 칭의 60, 137, 230

믿음의 양면성 22-23, 59

ㅂ

반항 109
방언 158
벌게이트역(Vulgate) 29
범교회적 신경들 93
범신론 94
복음 160
   교회 교리의 핵심 48-49
   복음 전파 183
   복음서 25
복음주의 15, 54
복음주의 중 성공회 내의 복음주의 116
부정(不淨) 110
북미 성공회(ACNA) 148
분별 73-75
불가지론 38
브라우닝, 로버트(Browning, Robert) 209
비인간성 109

ㅅ

사고 기능의 마비 112
사도신경 48, 93
사도적 교회 133, 145
사도직의 승계 93, 140

사도행전 25
사랑 12-13
   능동적 사랑 76
   사랑과 그리스도인의 연합 88-89
   자아를 사랑함 109
   하나님 사랑과 이웃 사랑 63, 173
사죄 선언 102
삼신론(三神論) 34
삼위일체 34, 49-50, 53-54, 56, 79
삼위일체와 세례 200
상대주의 38
새 언약 26, 224
새로운 출생 171
새로운 피조물인 교회 130
새로워짐(쇄신) 169-170, 183
선교 사역 77
선한 일 181
설교 62
성(性) 36, 64, 149
성경 25-37
성경 비평 38-40
성경 읽기가 사라짐 25
성경과 교리 54-56
성경과 그리스도인의 연합 85-87
성경에 대한 무지 31

성경의 가르침에 대한 무지 24
성경의 권위 29, 55
성경의 매개성 27
성경의 메타내러티브 106
성경의 시가서 26
성경의 역사서 25
성경의 영감 27, 55
성경의 지혜서 26
성공회 39, 137-142
  교구 제도 92
  교리교육의 필요성 53
  교리를 무시함 47
  기본 의식서 23
  내부의 긴박성 15, 19
  내부의 혼란 65-67
  성공회와 그리스도인의 연합 71-74, 93-95, 138
  성령에 대하여 158
  예배 103-105
성공회 39개 신조 93, 137
  제6조 29
  제20조 27, 56, 137
  제25조 192
  제27조 192, 206
성공회 천주교파 93, 116, 218, 234
성공회의 "광교회"(廣敎會) 116

성령 23
  가르치시는 분 169
  보조자로 숨으시는 성령 182
  성령과 교제 90
  성령과 그리스도인의 연합 78-79, 85
  성령과 예수 그리스도 167-169
  성령을 경시함 161
  성령을 부어주심 158
  성령의 사역 49, 54, 61, 169
  성령의 이름 163-164
  성령의 인격 164-165, 182
  성령의 활동 166-169
성령강림절 157
성령론 162
성령의 연합 78-80
성령의 열매 174
성례 62, 191-193
성만찬 92, 187-190, 217-241
  성만찬과 회개 103-105
  성만찬의 빈도 239-241
  유지와 지속의 의식 221-222
  성만찬과 "실재적 임재" 234-239
  성만찬과 자기성찰 233
성적 부도덕 121-122
성체(성만찬을 보라)

세계 성공회 미래회의
(GAFCON) 149-153

세례 187-212, 221

   세례와 거룩함 210-211

   세례와 교회 203-205

   세례와 그리스도와의 연합 200-203

   세례와 그리스도인의 연합 83-85

   세례와 그리스도인의 정체 208-209

   씻음과 입문의 의식 222

세례자 요한 100, 188

세속성 143-145

소망 13

   소망과 그리스도인의 연합 81-85, 88-90

속죄 행위 101-103

수술인 교리 51

신경(信經) 66-67, 93-95

신구약 33

신약의 목회서신 25

신자들의 영양실조 6-10

신학교 94

십계명 35

ㅇ

아타나시우스 신경(Athanasian Creed) 93

안경인 교리 51

약속 26

양 도둑질 151

양분을 공급해주는 성만찬 226

양태론 34

어거스틴(Augustine) 56, 109, 146-147

어셔, 제임스(Ussher, James) 207

언약 26, 118, 194

언약 예식 194, 199

언약의 피 223

에드워드 6세(Edward VI) 102

에베소서가 말하는 교회 128-134

엘리야 39

역사적 기독교 대 대안 기독교 39

영국국교회 116, 137(또한 성공회를 보라)

영국의 종교개혁 101-103

영생 59, 76

영적 삶 76

영적으로 눈먼 상태 113

예배 62, 233

   교리를 가르치는 예배 46

   예배와 회개 103-105

예배의 중심인 성만찬 239-241
예수 그리스도
　교회를 사랑하심 150
　구주와 주님 59-60
　그리스도인의 연합을 위한 기도 74-78
　성만찬에 임재하심 237-239
　성육신하신 하나님 11, 23, 33
　십자가의 죽음 226, 230
　예수 그리스도와 성령 167-169
　예수 그리스도의 활동 54
　재림 231
　중보 사역 49
　하나님의 계시 11
예수께 대한 충절과 세례 211-212
예식 194
예언서 118
　성경의 예언서 26
옛 서구 교회 20, 73, 115, 143
오든, 토머스(Oden, Thomas) 54
오브라이언, 피터(O'Brien, Peter) 205
오웬, 존(Owen, John) 162
요한계시록 119
용서 229-230

우주교회 135-136, 203
원죄 109
웨스트민스터 소요리문답(Westminster Shorter Catechism) 111
웨슬리, 존(Wesley, John) 140, 152, 177
위로하시는 성령 165
유아 세례 205-207
유월절 187, 221, 230
유죄 상태 58
유토피아적 사회주의 38
유혹 36-37, 176
윤리의 기초인 교리 63-65
율법 35
은혜 32, 128-129
이단 50
이레니우스(Irenaeus) 49
인내 13
일위신론(一位神論) 34, 50
입양 230

ㅈ

자기성찰 113-114, 121
자유주의 신학 47, 51-53, 73, 94, 117
재의 수요일 105
전통주의 160

정경 28
정욕 37
정죄 110
정통교리 9, 20, 73, 76
정통실천 9, 20
제도주의 159
제롬(Jerome) 29
제자 45
제자도 102, 173-174, 181
　제자도와 세례 198-200
제자훈련 과정 13-14
종교개혁 138, 147, 162
죄 52, 58, 106-111, 112, 221
죄를 죽임 175, 211
죄에 예속된 상태 110
죄의 기만성 107, 111-114, 175
죄의 지배에서 해방됨 230
주교 138-142
주교 제도 94
죽음
　그리스도인의 죽음 208-209
　죄에 대하여 죽음 175-177
중립적인 일 67
중세시대 140
증서인 세례 192
지상명령 187, 198

지역교회 136, 203
진리 9, 120-121
진화론 38

ㅊ

천국을 사모하는 마음 88
천주교 115, 117
　교리교육의 회복 52
　사도직의 승계에 대하여 92, 140
　성만찬에 대하여 219, 234
　정경에 대하여 28
초자연주의 38
충실한 태도와 건전한 교리 46

ㅋ

카리스마 운동 161
카이퍼, 아브라함(Kuyper, Abraham) 162
칼뱅, 장(Calvin, John) 48, 93, 162, 236, 240
캐나다 115
캐나다 성공회(ACC) 19, 64-65, 115-118, 120, 148, 151
코이노니아 91
콘스탄티누스(Constantine) 139
크랜머, 토머스(Cranmer, Thomas)

102-104, 193, 240

ㅌ
타종교 94
탐심 64
토라 35
트렌트 공의회(Council of Trent) 29

ㅍ
파벌주의 134
평화를 추구함 90
포르노 121
포스트모더니즘 32

ㅎ
하나님 31-37
  거룩하심 32
  그리스도 안에 자신을 계시하심 22
  삼위일체 33-35
  은혜로우심 32-33
  죄인을 사랑하심 128
  주권 57-58
하나님을 기쁘시게 함 36, 183
하나님의 말씀 27
하나님이 "만드신 바"인 교회 131
하나인 교회 133
하이델베르크 교리문답 (Heidelberg Catechism) 190
할례 201, 221
헨리 8세(Henry VIII) 102
현대 세계 30
형식주의 159
화해 201
확신 190-191
회개 12, 99-111
  개인적 회개 111-114
  공동체적 회개 118-122
  회개와 성령 171-173
회의론 24
훈련 62

성구 찾아보기

창세기
1:2
1:28
3
17:10
41:38

출애굽기
3:13-15
12:7
12:8-11
12:12-13
24:8
31:1-11
35:30-35

레위기
11:44
18:22
20:13

민수기
11:16-29

11:17
24:2
27:18

사사기
3:7-10
6:34
11:29
13:25
14:19
15:14

사무엘상
10:10
11:6
16:13
19:20-23

사무엘하
23:2

열왕기상
8:46

18:21

열왕기하
2:9-15

역대상
12:18

역대하
15:1

느헤미야
9:20
9:30

욥
32:8

시편
51:10-12
104:29-30
139:23-24
143:10

이사야
6:5
11:1-5
11:2
34:16
42:1-4
44:3
48:16
61:1-4
63:10-14

예레미야
31:31-34

에스겔
2:2
11:19
11:24
36:25-27
37:1
37:14
39:29

요엘
2:28-29

미가
3:8

학개
2:5

스가랴
4:6
7:12
12:10

마태복음
1:21
3:2
3:16-17
4:17
5:29-30
11:28
12:28
18:8-9
18:20
20:28
26:26-28
28:18-20
28:19-20

28:20

마가복음
6:12
7:20-23
7:21-23
10:45
14:22-24

누가복음
1:31
1:35
4:14
10:21
22:19-20
24:27
24:44
24:45-47

요한복음
1:14-18
1:32-33
3:3-7
3:3-8
3:14-21
3:16
5:19-23
5:39

6:51-55
8:26-29
12:49-50
14:2-3
14:6
14:16-17
14:26
15:1-8
16:7-8
16:7-11
16:13-14
16:14
17:3
17:6-19
17:8
17:14-16
17:20
17:20-23
17:22
17:23
17:26
20:21

사도행전
2:17
2:33
2:38
2:42

2:46
8:13-34
17:30
20:7
20:11
24:17
26:20

로마서
1:3-7
1:4
1:16-17
1:26-27
1:26-31
2:4
2:5-16
3:9-12
3:21-5:21
3:23
4:1-5:11
5:1-5
5:6-8
6:1-7:6
6:2-3
6:3-4
6:6
6:10-11
6:12-23

6:13	15:4-13	**고린도후서**	2:4
6:22	15:5-6	3:5-18	2:5
7:11	15:25-28	4:4	2:5-6
8:13	16:27-27	5:17	2:8-10
8:14-17		5:21	2:20-22
8:15-23	**고린도전서**	8-9	3:6
8:23-25	3:1-4	11:28	3:8-11
8:26-27	3:10-18	13:14	4-6
8:28	3:12-14		4:1-3
8:31-39	6:9-11	**갈라디아서**	4:1-6
9:5	6:11	2:20	4:1-16
10:5-17	10:1-12	5:22-23	4:3-6
10:8-13	10:16-17	5:22-25	4:11-16
11:17-24	11:20-22	2:20	4:13
12	11:20-34	3:13	4:15-16
12:3-6	11:23-25	3:26-28	4:17-24
12:4-8	11:25	3:27	4:18-19
12:6-13	11:26	4:4-7	4:20-5:2
12:9-10	11:27	5:19-21	4:22
12:16	11:28	5:22-23	4:30
13:8-10	11:29	6:14	5:23-30
13:11	12:4-11		5:25-27
13:12-14	12:12	**에베소서**	5:25-32
13:14	12:12-26	1-2	
14:1-4	12:13	1-3	**빌립보서**
14:13-22	12:27	1:22-23	1:27
14:17-18	16:1-4	2:1	2:2
14:20-23	16:13	2:1-7	2:15-16

4:2

골로새서
2:11–13
3:4
3:5

데살로니가전서
4:1–12
5:8–24
5:13

디모데전서
1:1
1:8–10
1:15
1:21
1:23
3:6
3:8–10
3:13–14
4:2

디모데후서
3:2–4
3:14–17
3:15–17

디도서
2:14

히브리서
1:1–14
2:1–14
2:5–18
2:10–18
3:1–6
3:6
3:7–11
3:13
4:14–16
5:11–14
5:11–6:12
6:1–16
6:11–20
8:1–10:18
8:1–10:23
8:10–12
9:14
10:15–17
10:16–17
10:19–12:2
10:23
10:24–25
11:13–16
12:1–3

12:1–4
12:5–11
12:14–17
12:22
12:22–24
13:1–5
13:7–15
13:15–16

야고보서
1:18

베드로전서
1:14–17
1:15–16
1:23
4:10–11

베드로후서
1:19–21
3:9

요한일서
2:1–2
2:29–3:9
3:1–2
5:1
5:4

5:18

요한계시록
1–3
6:13–17